华章心理
HZBOOKS | Psychological

愤怒之舞

亲密关系中情绪表达的艺术

THE *Dance* OF ANGER

A Woman's Guide to Changing the Patterns of Intimate Relationships

[美] 哈丽特·勒纳（Harriet Lerner）著

张梦洁 译

机械工业出版社
China Machine Press

图书在版编目（CIP）数据

愤怒之舞：亲密关系中情绪表达的艺术 /（美）哈丽特·勒纳（Harriet Lerner）著；张梦洁译．—北京：机械工业出版社，2017.1（2017.7 重印）
书名原文：The Dance of Anger: A Woman's Guide to Changing the Patterns of Intimate Relationships

ISBN 978-7-111-55869-9

I. 愤… II. ①哈… ②张… III. 愤怒 – 自我控制 – 通俗读物 IV. B842.6-49

中国版本图书馆 CIP 数据核字（2016）第 324787 号

本书版权登记号：图字：01-2016-8129

愤怒之舞：亲密关系中情绪表达的艺术

出版发行：机械工业出版社（北京市西城区百万庄大街 22 号 邮政编码：100037）
责任编辑：单秋婷
责任校对：董纪丽
印　　刷：北京文昌阁彩色印刷有限责任公司
版　　次：2017 年 7 月第 1 版第 3 次印刷
开　　本：147mm × 210mm 1/32
印　　张：7
书　　号：ISBN 978-7-111-55869-9
定　　价：45.00 元

凡购本书，如有缺页、倒页、脱页，由本社发行部调换
客服热线：（010）68995261 88361066　　投稿热线：（010）88379007
购书热线：（010）68326294 88379649 68995259　　读者信箱：hzjg@hzbook.com

The Dance of Anger

赞 誉

哈丽特·勒纳博士的书讲述了亲密关系中产生关键影响的因素：情绪、沟通、自我觉察。书中的每个案例都鲜活地呈现在读者眼前，好似刚刚发生一般，画面感十足，读起来身临其境，给人更深刻的感悟。书里的场景不禁让我们思考，在亲密关系中，从自我到他人，从夫妻到家庭，到底谁出了问题呢？无论您是男性还是女性，相信阅读本书后都会找到属于自己的答案。

——杨波，中国心理卫生协会妇女健康与发展专业委员会

本书最为独特之处，是可以跟随作者的专业指导，获得直面真相的能力。我们一旦学会接受真相，转变的力量就发生了。

——王珲，十分心理·幸福研习社创始人

建立一段健康的亲密关系，维持一个健全的家庭，需要清晰的自我认知和优秀的表达技巧，然而这一切并不是与生俱来的，我们每个人都需要大量的体验和练习。哈丽特·勒纳博士的书籍为读者提供了科学、系统、易操作的自我发现方法和表达技巧，帮助读者在阅读的过程中不断体验找自己、做自己和表达自己的艺术。

——傅春胜，中科博爱（北京）心理医学研究院院长

对于当代女性而言，她们身兼女儿、姐妹、情侣、妻子、母亲、员工、管理者等诸多角色，每个女性都要平衡这些关系，才能拥有健康和谐的家庭和成绩斐然的工作。

作者告诉每一位女性，亲密关系意味着我们能够在关系中做自己，同时也让其他人享有同样的权利。在关系中，任何一方都可以自由地表达自己的优缺点，展示自己的强项和弱点。

——张冉，成功之道（北京）教育科技股份有限公司董事长

事业有成的女性常被问及“平衡”之术，如何平衡事业和家庭，如何平衡生活中纷繁复杂的关系。她们确实是“平衡”的专家，但这种专长并不在于超常的智力、过人的精力、完美的表现，而在于通过找寻真实的自我，获得一种“满意”的状态。

这种内心的舒适感，有些人需要找寻 30 年，有些人需要 40 年甚至更久，在这个过程中，希望本书能够给读者带来感悟和收获。

——蒋秋榕，中国企业家木兰汇秘书长

哈丽特·勒纳博士是美国著名女性心理学家、心理治疗专家。她在女性心理、亲密关系以及愤怒与冲突管理方面的研究和洞察，获得了专业领域和社会大众的广泛认可。她30多年前从学术写作转向大众心理学读物的创作，作品相继登上了《纽约时报》畅销榜。

“塑造自我、做真正的自己终究是一个人的旅途。”的确，没有人比我们更了解自己，更有能力帮助自己。哈丽特博士以故事分享式的表达和直抵人心的分析，引领我们走入体悟人生的新维度。

——商容，微软亚太研发集团传播及公共事务资深总监

很多人，尤其是女性，在职场上如鱼得水，跟朋友相处融洽，回到家里却很难处理好各种更为亲密的关系，很多人因此非常苦恼。

作者从女性的视角切入，通过一系列简单明了的案例，告诉我们既亲密又独立的相处艺术、亲密关系中的语言艺术、亲密关系中情绪表达的艺术；帮助我们厘清很多对于亲密关系存在的误区；告诉我们如何沟通，如何找回爱，如何在爱自己的同时爱最亲密的人。

——雷文涛，“有书”创始人

The Dance of Anger

前　言

我写作本书，缘于一个偶然的机会。当时，一位纽约的出版商请我写一本关于女性愤怒的通俗读物，我感到意外，但是觉得这个提议很不错。我一直在十分严谨地思考这方面的问题，并且有志于此。在此之前，我都是在学术期刊上发表文章；如今，有机会面向普通读者，用通俗易懂的语言将理论表达出来，我很期待这样的尝试。应邀之后，我拿到了 7000 美元的预付稿费，这在当时可是一大笔钱，尤其在堪萨斯州托皮卡这种地方，有点像天上掉馅饼。

后来，这位出版商先是解聘，又重返聘我，最后还是把我解聘了，那一大笔预付稿费也被要了回去——根据合同，她有权这样做，只可惜我签的时候没注意到这一点。这位出版界的大人物断言，我没什么内容可写，即使有，也不会表达。我因此受到打击，但是并没有放弃。接下来的几年中，我的书一次又一次地被拒之门外。在拒绝面前，我越来越努力地尝试。从出版商那里得来的教训对我影响很大，“走出你做学问的象牙塔，真正投入到创作中去，直接和读者对话”。这些要求与我所受的专业训练恰恰相反。

在很长一段时间，我总是弓着身子，伏在一台灰色的打字机前（那是当时最快的打字机），用剪刀和透明胶带作为剪切粘贴的编辑工具，我经常觉得挫败、懊恼，这种体验真是永生难忘。每次走进书店，我都觉得郁闷，因为书架上总有不少讲解关系的书，虽然没有一本提到女性的愤怒，但是也很少有书真正基于关系发展过程的理论。我知道自己正在写的那一本，正是人们迫切需要的，但在这种信念之下，我内心感到困惑，觉得自己注定要失败，那些退稿通知单，多到可以贴满我在堪萨斯最大的房间了。

几年之后，本书终于得见天日。我从没想到，尽管这本书在出版前命运多舛，让我忍不住怀疑"究竟能不能找到一个出版商啊"。出版后却出奇地受大家欢迎，广为流传——我还以为，除了母亲和五个最好的朋友，没有人会看它呢。当然，这本书并没有轰动一时或被极力宣传。首印的数量并不多，销量也不大。只是，看过这本书的人会将它推荐给朋友、家人，治疗师会推荐给同行和来访者，再由他们将书推荐给其他人……就这样，一个读者群围绕着这本书自发地建立了起来——这大概是每位作家的梦想。

我不断收到不吝赞美、饱含爱意的来信，它们出自这本书的四代读者之手，其数量远远多于我曾收到的退稿通知单。正是这些来信，促成了本书新版的诞生。我十分感谢所有的读者，包括在世界各地向来访者和学生推荐此书的心理健康专家。正是他们，通过口口相传的传统形式，成就了本书的口碑，使之成为经典。我得知，对于许多人而言，在重塑最重要的关系时，本书仍起到一定的作用，书中的讯息也仍在回响——我虽略尽绵薄之力，大家厚爱至此，却实不敢当，感激之情溢于言表。

The Dance of Anger

目 录

The Dance of Anger

第 1 章 愤怒带来挑战

愤怒是值得注意的信号，它能向我们传达许多信息，比如我们受到了伤害，我们的权利被侵犯，我们的需求和愿望没有被充分满足，或是有什么地方不对劲。愤怒可以告诉我们，生活中有重要的情绪问题亟待处理，或者我们的自我（信念、价值观、渴望、抱负等）在过多地妥协于关系。愤怒也许意味着，我们做了太多、付出了太多，多于自己所乐意的。它或许是提醒我们，也许别人为我们做了太多，以至于妨碍了我们自己的成长、进步。碰到炉子时，炙痛使我们把手缩回；生气时，愤怒的痛苦能帮助我们保持自我的完整。它给我们勇气，向他人对自我的干涉说“不”，并鼓励我们尊重自己的内心。

长久以来，女人受到压抑时，不能很好地觉察愤怒、表达愤怒。好像我们是由糖和香料做成的，是养育者，负责抚慰、缔造及平和地稳住局面；好像取悦、保护和安抚这个世界是女人的天职；好像女人必须将关系经营妥当，我们的生命就仰仗于此。

尤其使人难以接受的是，女人竟公然地向男人表达愤怒。尽管社会支持女人追求“男女平等”，但我们知道，大家都对“那些愤怒的女人”感到失望。男人可以为了自己的信仰豁出性命，与这些“英雄”不同，当女人发起和平人道的变革、追求个人权利时，依然很可能受到谴责。直截了当地表达愤怒，尤其当这种愤怒指向男人时，就被认为是不得体的、没有女人味、没有母性、缺乏性吸引力，或用时下流行的说法——“聒噪的”。更过分的是，我们的语言中存在着大量谴责女性愤怒的表达，比如泼妇、女魔头、婊子、母夜叉、长舌妇、厌世者、阉人。她们没有爱心，不招人待见，缺乏女人味——你当然不想成为其中的一员。有趣的是，我们的语言主要由男人创造，其中却没有一个直白的词，用于形容朝女人发火的男人。

这种社会禁忌妨碍我们感受和表达愤怒，它的影响是如此深远，以至于我们甚至难以意识到自己生气了。当一个女人表达自己的愤怒时，她常被贴上“荒谬”，甚至其他更糟糕的标签。最近，在我参加的一次专业会议上，一位年轻的女博士展示了一篇关于受虐妇女的文章。她讲述了许多令人激动的新想法，对她所关注的主题深切投入。这位女博士的演讲还没结束，一位坐在我身后的很有名的心理治疗师就起身离开了。他对旁边的男人诊断道：“看，那是一个愤怒的女人。”就这样，当他注意到，或者说认为自己注意到，女博士带着愤怒的语气时，他不仅否定了她所说的话，还否定了她这个人。难怪我们不仅难以意识到愤怒，更别说大方地承认它，因为表达愤怒会招致他人的拒绝和指责。

愤怒的女人是危险的，让人感受到威胁，为什么？当我们感到内疚、抑郁，或自我怀疑时，一切正常。因为在这些情况下，我们除了和自己作对之外，没有别的行动，不太可能改变自己或者其他人的处境。相反，愤怒的女人却会改变乃至挑战所有人的生活，近十年来的女权运动就是一个很好的例子。对于所有人而言，改变都是困难的，它会使人焦虑，即使对于积极促成改变的女人来说，这一点也不例外。

因此，我们学会了畏惧自己的愤怒，不仅仅因为它使别人否定我们，也因为它是一个提醒我们做出改变的信号。当我们感受到这种情绪时，通常会问自己：“我的愤怒合理吗？”“我有权生气吗？”“我生气有什么用呢？”“生气有什么好的呢？”这些问题阻碍我们体验愤怒，促使我们觉得生气是不合理的；我们试图平静下来，将愤怒阻挡在意识之外。

我们再回头看看这些问题，它们真的是问题吗？愤怒根本就没有合不合理、有没有意义这一说，它只是一种真实存在的感受。你问“我的愤怒合理吗”，这和你问“我有权口渴吗”没什么区别。你可能觉得自己口渴并不合理：“我 15 分钟前才喝了一杯水，所以当然不合理。再说，我现在什么都喝不到，口渴有什么用呢？”

愤怒是一种体验。它的存在必然出于某些原因，理应得到我们的尊重和关注。我们有权体会能够体会到的一切，愤怒当然也不例外。

当我们感到愤怒时，有些问题是值得一问的：“我究竟为什么生气呢？”“出了什么问题，是谁出了问题？”“我该怎样理清楚，哪些人应该对哪些事情负责？”“我应该如何表达愤怒，才能避免自己感到无助无能呢？”“生气的时候，我怎样在不防御自己、攻击别人的情况下，准确地表明自己的立场呢？”“如果我更清醒、更坚定，将要冒什么样的风险，失去些什么呢？”“如果变得愤怒不能帮我解决问题，还有哪些办法呢？”在接下来的章节中，我们会一一谈及这些问题，这样做的目的并不是弃绝愤怒，或者怀疑愤怒的合理性，而是为了厘清愤怒背后的源头，并学习新的行为。

同时，我们需要面对愤怒这枚硬币的另一面，即尽管感到愤怒意味着出了问题，但是一味地发泄它并不能解决什么。也许，发泄愤怒会维持，甚至僵化一份关系中原有的规则和模式，因而肯定不会有所改变。当我们怒火中烧时，往往会沉浸在一些无效的努力中，试图改变对方，从而缺乏心力用于明确和改变自己。老掉牙的“怒里怒外理论”宣称，应该将一切愤怒发泄出来，避免压抑，从而防止心理疾病。这种说法是不对的。当我们发泄、抗争，继而屈服于不公的环境时；当我们抱怨，却继续背离自己的希望、价值观和潜能，继续老样子的生活时；当我们发现自己被套上“犯贱”“嘴巴多”“尖刻”“祸害”这些社会上的刻板标签时，我们很难摆脱抑郁、低自尊、自我背叛，甚至自憎。

那些陷入无效的愤怒表达而不能自拔的人，和压根不敢愤怒的人一样，深受困扰。

被错置的愤怒

当处理愤怒的老办法不再管用时，我们很有可能陷入这样一种局面：要么做个“淑女”，不惜一切地避免愤怒和冲突；要么变成“泼妇”，动不动就生气，卷入无效的争吵、抱怨和责备当中，得不到任何有效的结果。

这两种局面看似有着天壤之别。但实际上，它们都很好地“保护”了关系中的其他当事人，模糊了自我的边界，弃绝了改变的可能。我们分别察看这两种情况便知。

◎“淑女”综合征

应该怎样表现才像个“淑女”呢？在着实引人气愤、反抗的情况下，我们要保持沉默，或者流眼泪，责怪自己，感到受了“伤害”；要是的确已经感受到了愤怒，我们应该把它藏在心里，避免面对面的冲突。但这样一来，我们不仅隐藏了愤怒，也隐藏了自己真正的想法和感受。我们不愿清晰地表达自己，害怕这种坦白会让对方不高兴，害怕暴露彼此的不同。

当我们以这种方式，努力地做合格的“淑女”时，大部分精力都花在了保护他人、保持关系的和谐上面，却没花工夫明确表达自我。久而久之，我们会丧失明确的自我，会越来越不善于解读自己的想法、感受和需求——为了不打翻关系的小船，我们把太多的心力花在解读对方的反应上了。

我们越是以这种“淑女”的方式待人处事，无意识中积累的愤怒和暴躁就越多。当生活充满退让和苟且；当我们狗拿耗子，替别人的感受和反应负责；当我们放弃自我成长的重任，使生活的质量得不到保证；当我们表现得关系比自己本身还重要，我们怎会不愤怒。当然，这种愤怒可能不被直接地体会到，因为我们是“淑女”啊，“愤怒的女人”可不是“淑女”。

这样一来，“淑女们”为自己打造了一个怪圈：通过挫败和否认自我，使生活得以延续。然而，我们让步越多、得过且过越多，愤怒越会在心中沉积；我们越是努力地压抑自己，越会无意识地害怕一旦表达，愤怒会像火山一样喷发。这样一来，到最后终于“发飙”时，我们会觉得自己最大的担心得到了证实：看，我的愤怒确实是不理性的，非常破坏关系。而关系中的其他当事人，也因此把我们视为神经质。可怕的是，真正的问题并没有得到解决，这个怪圈还将继续，开始新一轮的循环。

虽然“淑女”不擅长于体会愤怒，但她们是体验愧疚的专家。当我们感到压抑、受伤时，通过萌生内疚，我们得以摆脱对愤怒的觉察。因为，愤怒和愧疚通常是不相容的。当我们愧怍于为对方付出不够时，我们几乎不可能为自己得到的不足而愤怒；当我们愧怍于没有恰当地扮演他人预设的女性角色时，我们将没有心力去质疑这个角色的预设是否合理，究竟谁有权下此预设。没有什么比愧疚和自我怀疑能更有效地掩盖我们对愤怒的觉察了。我们的社会善于使女性感到内疚，以至于很多人一旦没有做好“情绪服务站”这个角色，就会感到内疚。

调集勇气，停止内疚，动用愤怒的力量质疑已有的规则，重新定义属于自己的、恰当的人生，要做到这一切并不容易。越是在我们下决心改变现状的节骨眼上，身边的人越是成倍地使出伎俩，诱发我们的愧疚感。我们会被别人称作“自私”“幼稚”“以自我为中心”“叛逆”“没女人味”“不负责任”“吝啬”“冷血”“阉人”。大部分女性对这种关乎自身价值的诋毁不堪忍受。毕竟，我们从小就被教导，女人的自我和价值源于爱和被爱。所以，当在这方面的吸引力和女性特征遭到质疑时，无疑是场灾难。满怀歉意、恭顺地退守到女人的“本分”中，重新获得大家的认可，这多么诱人啊！

我们当中的那些“泼妇”，不说会失去她们的“本职”，也注定要失去大家的喜爱，败下阵来。而“淑女”不同，“淑女”会得到社会的奖励。可是，这种奖励却是拿非常高的个人代价换来的，情绪和智识生活的方方面面都将遭此坑害。“非礼勿视，非礼勿闻，非礼勿言”——这成了许多人无意中的自动法则，她们在这个法则的约束下，否认自己对愤怒的觉察和表达。因为我们所要避免的“非礼”之处，包括任何的想法、感受和行为，只要它们能导致与他人的正面冲突，甚至仅仅是意见不一。要遵守这条法则，我们不得不变成个“梦游人”，不能细看、细想、自由记忆。当我们需要压制愤怒，不让自己搞清楚愤怒的原因时，大量可用于创造、智力活动和性满足的能量被这种压抑困住，损失不可估量。

◎“泼妇”综合征

“泼妇”不羞于发怒，不羞于展示自己的不同之处。但是，愤怒的女性并不被社会看重，当我们的愤怒威胁到他人，尤其是男人时，就会得到“泼妇”这样的骂名，以警告我们闭嘴。比如“不像个女人”，或者其他更过分的骂称，有可能将我们慑住，使我们沉默；也有可能加深我们对不公和无力的感受，从而加剧内心的愤怒。在第二种可能中，一个骂称，会像预言一样影响人的行为，被说的人在愤怒的驱使下，有可能真做出符合这个骂称的事来。

这还不是事实的全部。更要命的是，敢于直言的女人，那些描述她们的负面词语和形象，不仅是一种性别歧视下的刻板印象，它们同时直指一个令人痛心的现实：“啰里啰唆”“满口怨言”“满腹牢骚”，这些词语所代表的都是无所作为，不能改变现状，它们隐含了女人的绝望与无力。

当我们以撒泼这种无效的方式发泄愤怒时，一不小心就会陷入怪圈：以挫败的行为方式延续生活。我们实实在在地为某件事情生气，但我们的怨气没有以清晰的语言表达出来，这不但不能唤起他人的同情，反而会带来嫌恶。我们由此感到更加难过、不公。这些回合下来，原本引起我们愤怒的问题反倒没有识别。最过分的是，我们有可能成为替罪羊的不二人选——对那些怕女人发怒的男人和生怕自己发怒的女人而言，错都在我们身上。

觉察到自己愤怒了，并向其他人表达出来，这确实很需要勇气。但反复争吵、抱怨、责备只能维持现状，如果我们只是陷在这种无效的行为模式之中，不能自拔，那就有问题。因为在这种情况下，我们很不明智地保护了他人，而牺牲了自己。为什么这么说？尽管当我们发泄愤怒时，看上去有几分威慑力，但是，在没有澄清问题是什么、交流的目的何在以及怎样控制谈话场面的情况下，这种发泄最后很可能沦为纸老虎一只，别人不屑一顾。反而，这使他们有空子可钻，觉得没必要把我们的气话放在心上，没必要在意这种无厘头的争执。事实上，我们越是激动、越是"歇斯底里"，他们越是变得冷静、沉着、理智。在这种情况下，我们发起的争吵、气愤的责难，反倒让对方全身而退了。

当我们无效地争吵时，一不留神就会陷入注定会失败的努力之中：在别人不想改变时，强求改变。当我们转变别人的信念、感受、反应或行为的尝试不起作用时，我们可能会变本加厉地坚持，通过这种死板、反复的方式，我们所抱怨的问题非但不能解决，反而更严重了。也许，我们在当时太受情绪影响，从而不能反思，或相信有其他的行为选择存在。因此，和"淑女”的沉默类似，“泼妇”的“战斗”有可能事与愿违，反而使关系中的旧模式得到存续。

对于以上这两种“以自我挫败的方式存续自我”的行为模式，相信我们都有亲身体会。毫无疑问，“淑女”和“泼妇”恰恰是同一枚硬币的两面，尽管它们看上去非常不同：在什么都说了或做了（泼妇），或什么都没说或没做（淑女）之后，结局是一样的：我们被置于绝望与无力之中，感到生活的质量和方向不受自己控制，我们的自尊受到伤害，因为遇上的问题没有得到澄清和解决，一切都没什么变化。

少有人获得专业的帮助，学会利用愤怒明确自我、强化关系。我们获得的教导反倒促使我们过度地害怕愤怒，全然否认愤怒，用其他不恰当的感受替代愤怒，或使愤怒和自己作对。我们学会了否认愤怒背后的缘由，或以无效的方式发泄愤怒，维持而非挑战现状。丢弃这些老旧的经验吧，学会将愤怒的能量为自己所用，用于我们的尊严和成长。

认识情绪，改善关系

本书旨在帮助女性，帮助她们远离没有长久效用的处理愤怒的方式。这些一时之计包括默默忍受、无效的抗争和指责，以及情感疏远。我的任务在于，为读者提供见解，提供实用的方法，帮她们停止一眼就能看穿的旧模式，利用愤怒，在重要关系中明确新立场。

本书将重点讲述什么？由于愤怒这个话题涉及我们生活中

的各个方面，我必须有所取舍。为了避免写得臃肿、杂乱，我将重点主要，但不完全，放在家庭上。我们最强烈的愤怒和最深切的爱意，都源于女儿、姐妹、情侣、妻子和母亲这些角色。家庭关系是生活中最具影响力的一种关系，同时也是最难以把握的一种。正是在这种关系中，亲密会在不经意间变为纠缠，我们改变局面的行为容易把局面变得更僵。如果能学会用好愤怒，使最亲密最容易纠结的关系顺畅，那么我们将在其他任何关系中，不管是面对朋友、同事，还是只有一面之缘的杂货店老板，都能更明确、更有把握、更镇定自若。

本书的范围是什么？我写作本书，是为了我的读者有所收获。如果一个理论对于现实生活中的女性并没有明显、实在的帮助，不管它多有趣，我都不会放进书中。然而，在写作本书的过程中，我发现自己不仅缩小了话题范围，也扩充了一些。读者有必要预先知道，这本书不会有“应该如何做的十个步骤”这类现成的指南。这是因为，将愤怒运用于关系，需要我们对关系如何发展有深入的理解和丰厚的知识。

因此，我们将探讨人们如何背叛和牺牲自我，以保持和他人的和谐关系（自我弱化）；我们将寻求个体和群体之间如何保持关系的微妙平衡；我们将检验那些用于定义自我的规则和角色，它们通常能在引发最大愤怒的同时，限制我们的表达；我们将分析关系如何走进死胡同，以及如何走出来；我们将认识关系如何类似于一支圆圈舞，一方的行为如何诱发并延续另一方相应的行为。总而言之，我们将学习如何利用愤怒，以之作为改变现状的起点，而非一味地责怪他人。

你应该如何使用本书？慢慢来，循序渐进。不论我们当前的行为多么疯狂、多么自我挫败，都有它存在的理由——为自己或他人提供积极的保护。如果我们想要改变，慢慢地改很重要，因为这样一来，我们就有机会观察和检验每一个关键的小变化如何影响关系的运转。如果我们野心太大，妄图一下子改变很多，那就很难真正有所改变。相反，我们有可能激起自己或对方过多的焦虑和过强的情绪反应，从而恢复到原来的模式和行为之中，或是过于急促地从一段重要的关系中脱离出来——这并不见得是个好办法。

如果你能通读全篇，那这本书对你的效用可能最大。尽量不要因为没有孩子，就跳过那些有关孩子的论述；也不要因为单身，就忽略那些讨论丈夫这个角色的章节——重要的是我所阐述的关系模式。相比某种特定的关系，更关键的问题是这支圆圈舞的形式，以及它如何运转。书中每一章节所讲述的内容，和你所处的任何一种关系都有所联系。你阅读时，可以将它们泛化到其他的场景和关系中，这对你非常有用。

要将愤怒作为改善关系的工具，我们必须从以下四个方面磨炼自己的技能。

1. 识别愤怒的原因，明确立场。“哪些情况下你很容易愤怒呢？”“此时此刻真正的问题是什么？”“我自己的想法和感受是什么？”“我想争取的是什么？”“哪些人应该对哪些事情负责？”“什么是我特别想要改变的？”“我愿意做什么，哪些我不愿做？”这些问题看上去很简单，但你马上就会发现，其实每一个问题都很复杂。然而，我们老是在没有想清楚这些问题之前，就已经投入战斗，争吵起来了，都没搞明白究竟为什么要吵，这实在让人不解。我们很可能将愤怒的力量放在了改变和控制对方身上，而对方并不想改变；相反，我们很少把这种力量用于思考自己的立场和可能的选择。往往在我们最亲密的关系中，这种情况尤其明显。也正是在这种关系中，一旦我们不会将愤怒转化为明确自己想法、感受、权利和选择的行动，就很容易陷入无休止的争吵和责备当中，很难跳脱出来。让“自我”变得更加明确，不断了解自己，这和实现有效的愤怒管理密不可分。

2. 学习沟通技巧。这项能力将使别人倾听我们，使冲突和差异得以解决，它将最大化这种积极的可能性。尽管我们感到愤怒时，不加顾虑地发泄出来很自然，并没有错，但在某些情况下，善于沟通会很有帮助，如果使用得当，甚至有可能是必不可少的。毕竟，在大多数情况下，发飙然后争吵可能带来一时的平静，但风暴过去之后，我们会发现什么都没有得到改善。更重要的是，在一些特定的关系中，为达成持久的改变，保持冷静、避免指责是必要的。

3. 学会观察，打破含糊不清的交流。即使在最好的条件下，要做到清晰而有效的表达也是不容易的，更何况是我们生气的时候呢？当我们处在争论之中时，尤其难做到自省、灵活。所以，在情绪激动的时候，我们可以学习如何冷静下来，退一步想想，我们一直抱怨的交流中，双方扮演了什么角色。

学会观察和改变关系中自己的角色，这和我们在关系当中的个人责任感密不可分。我指的责任（responsibility），并非责备自己，把所有的过错都揽在自己头上，而是一种“回应能力”

（response-ability）：一种在交流中深入观察自己和他人，在类似的情境下做出新回应的能力。在圆圈舞中，我们无法改变别人的舞步，但只要我们自己改变了步法，交流的模式就不再是原来那样的了。

4. 学会预测和处理他人试图“还原”的行为。我们每个人都生活在比某段关系更大的组织或系统中，这种稳定的环境会强化我们保持原样的惰性。当我们开始改变自己的旧模式，不再沉默、糊涂、一味争吵和指责时，我们很难避免强劲的阻力和试图还原的逆流。这种“还原”反应不仅自己会有，关系中的亲密他人也会有。我们将会看到，和自己最亲近的人，不管他们曾经怎样批评抱怨过现状，都会成为改变最大的阻力。同时，我们内心也有抗拒改变的阻力，这在所有的人类群体当中都是非常自然、普遍的。

在接下来的章节中，我们将近距离地认识焦虑，当我们利用愤怒明确自我、明确自己的生活时，这种焦虑通常不可避免。当人们开始在交流中变得明确，并下决心改变时，他人对我们交流内容的防御和否定常常占了上风。如果我们真想改变，就应该发现，当身边的人不希望有所改变，并试图将我们拉回原地时，我们会感到焦虑和内疚——我们应该学会预期到这些情绪，并学会解决它们。当然，更难做到的往往是意识到自己的内心也会害怕改变、抗拒改变。

不得不说，要从默默顺从和无效争吵中挣脱出来，对自己的身份、立场、需求和原则变得无比确信和坚定，这不是一个轻松的过程。越是在最重要的关系中，明确自己的想法和感受带来的焦虑感越强烈。当我们变得真正清晰、直接时，对方也会对他们的所想所感变得同样清晰、直接，甚至表明他们不会改变。当认清这些现实时，我们将不得不面临一些痛苦的选择：还要继续待在这一关系或处境中吗？要不要选择离开？要继续这段关系，并改变自己吗？如果继续下去，将会怎样？这些问题，想一想都挺难的，更别说给出自己的答案了。

短期来讲，尽管个人经验表明，关系中的旧模式很少有效，但它们不需要花我们多少力气，不需要折腾。但如果把目光放远一点，将本书所教的运用到实践之中，我们早晚会收获更多。我们不仅能学会用新方法应对一贯的愤怒，还将重获更明确、更强大的“自我”——有了它，我们就会有更亲密、更令人满意的关系。许多与愤怒有关的问题之所以出现，是因为我们在“拥有关系”和“拥有自我”之间左右为难。这本书能够让你二者同时拥有。

The Dance of Anger

…

第 2 章

旧行为、新行为与对抗行为

在我的“愤怒工作坊”开办前夕，一个名叫芭芭拉的女人打电话给我，要取消她的预约。在电话里，她的声音充满愤恨和懊恼，她对我说：

“我真的非常想来参加你的工作坊，但是我的丈夫怎么都不同意。我和他吵到脸都绿了，可他还是不让我来。”

“他为什么反对呢？”我问道。

“因为你啊！”她说，“他说你是个彻头彻尾的女权主义者，你的工作坊根本不值得我花那笔钱。我说你是一位很有名的心理学家，这个工作坊肯定会很棒。我相信这个工作坊一定值得来，但我没法在这点上说动他，他最后还是说‘不行’。”

“很遗憾你不能来。”我说。

“是，我也觉得很难过，”她接着说，“吵完之后，我头痛得厉害，大哭了一场。但我还是和他吵了。我和他吵的时候可凶了，他还说，我确实应该找人帮忙，治治我这臭脾气。”

挂掉电话之后，我开始回想刚才这个简短的对话。很明显，这位女士没必要取消她的预约，她本可以选择不这么做。但是，如果她做了，就得承担相应的后果。也许，她正是因为害怕会失去这段无比重要的关系，觉得无法忍受这样的结果，才选择了投降。

你如何看待这段对话？

你觉得……

“她丈夫真是大男子主义！”

还是……

“那个男人真懦弱，一点胆都没有。”

你觉得……

“那个女人真可怜，我为她感到难过。”

还是……

“这个女人简直在受虐啊，她应该接受心理治疗。”

还是……

“她何不振作起来，参加工作坊呢！”

你觉得……

“应该怪她的丈夫，怎么能这样对她呢！”

还是……

“应该怪她，怎么能允许她的丈夫给她的生活做决定呢！”

还是……

“大家都有错。正是社会把男人教成那个样子，然后教女人忍受他们。”

你觉得……

“她肯定很烦恼，她的丈夫不让她参加工作坊。”

还是……

“她烦恼，是因为她屈服了。”

你觉得……

“从她身上，我能看到自己的影子。”

还是……

“我一点都不像她那样。”

对于芭芭拉所说的话，我们每个人都会有不同的反应。大部分人都不希望自己的生活像她那样。但事实上，她的所做所感，在大家的生活中并不少见，也远不是过去才有的现象。

她屈服于不公的环境。

她感到无法控制自己的人生。

她没能好好地解决自己遇到的问题。

她没意识到陷入今天这种局面，自己也有“功劳”。

她保护支撑了她丈夫的自我，却以自己的成长作为代价。

她维持了婚姻现状，却牺牲了自我。

她不敢测试婚姻的弹性，看它能否包容她的改变。

她感到失望、软弱。

她生气了，却只知道哭，将愤怒化成眼泪。

她头痛。

她不喜欢自己。

她觉得自己做得很糟糕。

对于上述情况，你感到陌生吗？大概并不。当我们卷入无效的争吵，或者压根不敢抗争时，这些情况就会出现。

有些女人全然不敢偏离她们的爱人或恋人的想法，芭芭拉没有这个问题，她敢于发怒。她的问题在于，她抗争的方式并不会带来改变，反而牺牲了自己的成长空间，使她的丈夫和婚姻保持原样。如果芭芭拉以这种方式继续下去，她将永远不能掀翻他们关系中的基本原则——规则是由她丈夫来定。在她的男人面前，她弱化了自我（de-self）。

“弱化自我”是怎么回事呢？尽管在各种关系中，一意孤行肯定是行不通的，我们很难事事如意，但两个人同在一个屋檐下，矛盾不可避免，这个时候，我们需要的是相互交流，彼此做出一定的让步，而不能总由女人妥协。如果芭芭拉的丈夫对工作坊并不满意，而芭芭拉也觉得参不参加根本没那么重要，那她可能早就决定不去这个工作坊了，可这不是芭芭拉遇到的问题。

问题往往在于，关系中的一方，通常是妻子，在尚未明确自己的想法，把控自己的选择机会之前，就已过多地退让。自我（包括自己的想法、需要、信仰和追求等）过分地妥协于外界压力，这就是自我弱化。有时候，当事者本人甚至根本意识不到，她的软弱必将对她造成痛苦。一个人通过这种方式过多地牺牲自我之后，内心会积压愤怒，会变得脆弱，容易抑郁，或有其他的情绪问题。有些人可能正是因为这样的原因，最后求助于心理咨询师，甚至前往精神医疗机构就诊，她们会问“我这是怎么了”，而不是“这段关系怎么搞的”。她们也许会针对一些琐碎的事情泄愤，以一种别人更不在意的方式喋喋不休，让人看起来像是病了或是逻辑有问题。

有一种自我弱化在女性身上普遍存在，我们称为“履职不足”。在夫妻关系中，“履职不足—过度履职”这种模式非常常见。有关婚姻系统的研究表明，当男女双方保持关系时，他们整体相对于外界保持独立，情绪处于某种成熟水平上，他们的关系有点像玩跷跷板，当一方履职不足时，另一方的履职通常会过度。

比如，如果妻子日益软弱、依赖、顺从，那么她将变成功能失调的一方，而她的丈夫则会在某种程度上，克制自身与妻子类似的特点。他会倾向于将自己的情绪精力，集中于应对妻子的问题，而不是觉察、表达自己的弱点。所以，通常情况下，履职不足的一方和过度履职的一方会相互激发、强化彼此的行为，经历一段时间之后，跷跷板往往变得更不平衡。丈夫越是不愿表达自己的需求和脆弱之处，妻子对这些感受的体验和表达就会越多，越是不能表达出自己很能干、很坚强。如果履职不足的一方开始变强一些，那么过度履职的那一个很可能会相应地变弱一些。

我和芭芭拉的简短对话，反映出她是婚姻中履职不足的那一方。

当然，并非所有女性都处于婚姻关系跷跷板的下端。现实生活中有各种各样幸或不幸的组合。有时会是丈夫处于下风，有时夫妻双方会不断地上下变换，甚至在两个人无助的时候，会一起争夺跷跷板的下端。

问题在于，我们的社会文化将跷跷板的下端指定给了女性。虽然极少数个体会不屑于这种观念，颠覆它。但就整体而言，这种观念构成了“女人应该怎样”，这种对女性角色认识的基础，支撑着“男性主导社会”的浓厚氛围。社会积极引导女人养成那些履职不足的特点，并表达出来，而男人并不敢表达这些特点，害怕自己的男子气概会因此削弱。那些劝导我们不要和男人竞争，不要冲他们发怒的告诫，本身是站不住脚的，它们相当于说，如果女人简简单单地做真实的自己，那就对男人有害、有毒。

尽管，“睁一只眼，闭一只眼”“让男人赢”“表现出他是你的头儿”这些想法早就过时了，但它们所传达的信息，仍在女性的无意识中潜流暗涌，指导着她们的行为：女人必须“维护”男人，不能让他见识到女人的厉害之处，免得他感到挫败。我们学会了展示柔弱，放弃自己的强大，来衬托、强化男人的威严。

履职不足的形式多种多样。它有可能是一些微小的表现。比如，当丈夫婉言喜欢保持现状时，或妻子担心丈夫的变化时，她可能会放弃工作机会或其他新的挑战；为了维护丈夫，一个妻子可能揽下丈夫不愿干的事情，可能因为“他的”喜好，发展新兴趣、新技能。在这一过程中，她可能会有心理或身体上的不适感，但尽力隐藏抱怨，因为她在无意识中坚信：这是我最重要的关系，要使它长存，我必须保持相对弱势。更严重的是，如果女人相信，失去这份关系，自己将难以独立生存，那么她早晚会和芭芭拉一样，以一种无效的方式泄愤，反复强化导致了她愤怒的关系模式。

选择无效指责，还是明确表达

争吵和指责如何妨碍有利的变化？我们可以以芭芭拉的情况为例，进一步分析。首先，她为了参加工作坊，和丈夫起了一次没有达成内心所想的争吵，她试图利用自己的愤怒，让丈夫同意她。她努力改变丈夫想法的方式有两个主要的问题：第一，她丈夫有权保留对工作坊的看法，没必要和她一样；第二，要改变她丈夫的想法，这很难成功。也许，她早就从以往的经验看透，她丈夫根本不会允许她参加这类特定的工作坊。因为她曾在电话里中说：“我相信这个工作坊是很值得来，但我是没办法说服他的。他最后坚持说‘不行’”。

芭芭拉发起了一场注定要失败的争吵，因为她没有行使自己的权利——掌控自己的权利。如果一开始，芭芭拉就能明确自己有权参加工作坊，并始终为自己的权利行事，也许她会从弱化自我的状况中迈出一大步。

可惜她并未全力争取。她本应该对丈夫说：“不论这个工作坊是好是坏，激进或是不激进，对我都很重要。要是我按你的想法取消预约，我会很生气、很烦躁。我非常期待这个工作坊，我决定参加。”

是什么妨碍了芭芭拉走出无效的争执、抱怨，转而明确表达自己的需求？也许，这是因为她害怕改变需要付出沉重的代价。那些总发起无效争吵的人，和那些压根就不敢吭声的人一样，她们本能地害怕，一旦自己变得明确、强硬，对方会感到不适。担心失去某份关系的焦虑、内疚，使我们不愿轻易改变，而是一直忍耐着，直到有一天表现新行为时，对方反应过度。

◎把握改变的时机

如果芭芭拉改变自己的做法，在丈夫面前明确自己的立场，情况会怎样？如果她看准丈夫最乐意倾听的时机，然后冷静地向他表明自己的立场，而不是通过发怒或是流泪，最后会怎样？比如，她可以对丈夫说：“我知道你觉得这个工作坊不值得花钱，我尊重你的想法。但我是成年人，应该自己做决定。我并不指望你认可它，也不指望你鼓励我参加，但我应该由自己决定去还是不去。”

假如芭芭拉真能这样做，果断挑明问题的关键——我需要自己做出决定，同时避免吵到别的问题上去（比如这次工作坊到底有没有价值、工作坊主办人的性格资历如何），并且不是争执、责备、控诉，总想着改变她丈夫的想法。情况会怎样？

如果芭芭拉勇敢地打破现状，能够镇定自若，表示自己会去参加工作坊，她和她丈夫将会怎样？她的丈夫会如何反应？他会说“只要你去，我就离开你”，和她断绝关系吗？他会闷声不响，然后突然爆发，搞外遇、虐待她吗？还是不会反应那么大，只是恼怒几天？

我们并不了解这对夫妻，所以无从推断结果会怎样。但有一点是可以肯定的，一旦其中一方采取某种行动，以重新调整跷跷板的平衡，另一方必然会反抗。如果芭芭拉真的采取了与往常不一样的做法，她丈夫会感到焦虑；为了缓解自己的焦虑，他可能会尝试一些“恢复原状”的策略，比如争吵，从而恢复到他感到舒服的旧模式之中。之所以会有这些对抗行为，不是因为他不再爱她了，也并非工作坊本身具有某种威胁，而是因为芭芭拉表现出的果断、独立和成熟，让他感到不安。

芭芭拉需要改变自己的立场，这并不仅仅限于是否参加愤怒工作坊这件事。她应该声明，应该由她自己来决定要做什么、不要做什么，而不是把这些权利让渡给丈夫。在这段关系中，向丈夫表明自己不再是他当初娶她时那样了，不再是那个何时何地都让他感到轻松安全的那个女人了——坚决而镇静地表明这一重要问题，对芭芭拉来说是全新的行为方式，她也会为此感到非常犹疑、焦虑。

在重要的关系中，坚定不移地前往更自信、更独立的方向，不顾对方的阻碍，还有什么事情能比这更容易使人焦虑呢？

如果芭芭拉不再幻想去改变她丈夫，将愤怒的力量用于明确自己的选择，为自己树立新的立场，那些由于自我弱化或履职不足引起的愤怒将不再如此困扰她：头痛、自卑、不满与积怨等。为此，她必须承受一定的代价，那便是在一段时间内，他们的婚姻可能比之前还要艰难。潜在的冲突将会浮出水面。她可能会问自己一些严肃的问题："我的生活应该由谁负责，由谁决定？""如何在关系中划分彼此的权利？""如果我变得更强势果断，我和他的关系将会怎样？""我是要牺牲自我来维持这段婚姻，还是冒着失去这段关系的风险选择成长？"

也许芭芭拉还没有准备好面对这些使人警醒的问题；也许她对要冒多大的风险还全然没有把握；也许她认为不管关系怎样，总比没有好。而我们所知道的仅仅是，她本人不敢决定来参加工作坊，还不自觉地让丈夫替两人表达了所有的消极感受。

意识到这些风险是非常重要的。如果芭芭拉下定决心要去工作坊，在其他问题上，她也会感到需要表明立场的压力。她和丈夫本来像是两个互相契合的拼图，而现在，她却开始改变自己的形状了。她丈夫会和她一起改变，使他们继续拼接在一起，还是会离开她呢？芭芭拉在改变的过程中，会不会离他而去呢？目前看来，芭芭拉选择了维护丈夫，继续以老样子处理他们的关系。她并非一味地"被动顺从"，而是积极地维护她所熟悉的旧模式，维护她最重要的关系。

和谐背后的代价

可以说，芭芭拉并不像她看上去那样"不开放"。她还是敢于表露和丈夫不同的想法的。她能意识到，自己想要的和丈夫想的不一样，她也知道自己有什么权利，但是她宁愿顺从丈夫的意愿，也不愿冒险撼动他们婚姻的小船。

大部分人在做类似的决定时，通常很难意识到自己所下的决定，以及为什么要这么做。我们似乎克制自己意识到有多想参加愤怒工作坊。我们总是小心翼翼，尽量避免暴露分歧和冲突的内心想法。我们禁止自己仔细探测周围环境中的不公。我们还放弃自己纳入新环境、新事物的计划，甚至都没有意识到自己为了平稳事态、维持和谐关系所付出的代价。

这类保持和谐的人会如何处理工作坊的问题呢?

她不大可能和丈夫争辩，因为其实没什么好辩的。也许一开始她就不会认真考虑到底去不去参加。她不会任由自己对有可能破坏关系、瓦解现状的事情感兴趣。如果她起初对工作坊确实挺有兴趣的，那她会在报名之前试探对方的态度。她可能走到他身边说："有件事想和你商量，我在考虑要不要参加一个工作坊……"同时密切关注他的措辞、肢体语言。一旦捕获到任何他不赞许、感到威胁的信号，她会立马维护他。她可能会反过来劝自己，"好吧，其实这个工作坊也没什么好去的"，或是"我们现在手头正紧"，或是"反正我也没这个心情去参加"。

将自己的意愿和喜好定为她丈夫希望她有的，正是以这种方式，她回避了冲突。她努力使自己符合她丈夫的期望，丧失自我意识，以迎合丈夫的标准。这一套自我弱化的方法不知不觉地得以实践，她以为这样一来，他们的关系必将无比融洽。如果她的心理和生理上出了问题，也绝不会想到这和维护对方、维护关系所做的自我牺牲有什么关系。

在不那么极端的情况下，尽管知道丈夫的想法有所不同，女人依然会维护自己的兴趣。她能相对自由地认识到，作为个体，她是独立于他的，她想什么、喜欢什么，理应得到他的尊重。尽管如此，她仍然会想方设法阻止他们之间的分歧扩大，免得最后违背他的意愿。她可能这么对自己说："好吧，我的确是想去参加工作坊的，但只要我提这个想法，肯定会和他吵得很凶，但没必要为了这个吵啊。"当我们害怕改变带来的挑战时，"没必要为了这个吵"，这个借口实在是太常见了。但正如芭芭拉的情况，争吵本身其实并不是问题。问题的关键在于，我们必须明确自己在关系中的立场，遵从自己的意愿。

被困在"缔造和谐关系""做淑女"这些圈套里的女性，绝非逆来顺受、软弱无能的失败者。恰恰相反，这说明我们在重要的人际关系中，具备敏锐的内心和复杂的技能；我们善于预测别人的反应，在防止别人不自在方面堪称专家。这种得到高度发展的社会技能，往往被男性忽略。只要我们将这项技能用于感受自己，我们就会成为了解自己的专家。

分离与结合的平衡

长期经营一段关系并不简单，这通常涉及如何平衡"分离"（注重自我）和"结合"（注重关系）之间的平衡，它们像两股方向相反的强大力量。一方面，我们希望自己是独立的个体，掌握自主权；另一方面，我们也渴望与对方的亲密接触，渴望归属于家庭或集体。当这种平衡关系被打破时，往往会出现问题。

如果关系中没有足够的“我们”会怎样？貌合神离。两个孤独的灵魂寄身于婚姻的空壳中，没有感情和经验上的交流，彼此孤立。当“分离”的力量过强时，关系中的一方或双方会表现出“我并不需要你”的态度，但这并非真正意义上的独立和自主。在这种关系中，争吵也许很少，但亲密也很难得。

如果关系中没有足够的“我”会怎样？我们牺牲了独特而清晰的自我，也就牺牲了对自己生活的责任感和控制力。当“结合”的力量过强时，我们将大量的精力放在“为了对方好”上，并试图控制他们的想法和行为。我们不再那么对自己负责，而老想着对对方的情绪状态负责，同时期望对方也这么关注着自己。当责任感这样颠倒过来之后，两个人都很容易过分在意对方的言行，情绪波动比较大，进而造成指责和争吵。芭芭拉的情况有点与此类似。

另一种过度的“结合”表现为表面和谐的“我们”。在这种情况下，公开的冲突并不常见，因为一方总是顺从另一方主宰一切，或是表现得像两个人共用一个大脑和躯体。“渴望结合”很正常，但如果过于极端，那种类似于“无缝连接”的结合往往会置我们于非常危险的处境。一旦两个人真正合二为一了，面临分离就等同于面临身体或心灵的死亡；当关系结束时，我们会空空如也，甚至连原本的自我也找不回来了。

我们既需要“我”，也需要“我们”，以赋予彼此滋养和意义。不同的夫妻在不同阶段，可能并没有持续使用“正确”的公式，用以决定施加多少分离和结合的力量。每对夫妻都在无意识地、自觉地检测这两种力量是否平衡，并在不平衡的时候加以调节。夫妻间一种常见的模式是：妻子希求“结合”，而丈夫渴望“分离”。我们将在第三章中近距离地了解“粘人的女人”和“疏离的男人”之间互动的舞步。

如果在某段关系中，我们长期感到愤怒和痛苦，那可能意味着需要更明确，需要强化“我”的信息。我们必须重新自我反思，探索自己的想法、感受和需求，以及思考在属于自己的生活中该如何行动。我们越是能建立一个清晰而独立的“我”，就越能同时享受亲密和独立。亲密关系无须以丧失自我为代价，它既不应该要求做到双方合二为一，也不应该彼此孤立、疏离。

为何在通常情况下，强化“我”如此艰难呢？原因有很多。但从芭芭拉的事例中我们可以看到，如果我们目光过于促狭，死盯着此时此事，那么向更明确、更果断的转变往往会被搞砸。如果芭芭拉不体会强烈的分离焦虑，不充分利用婚姻关系中的波折，那她将很难摒弃旧的关系模式，学会新行为。这个道理在所有关系中都适用，我们可以进一步对此分析。

◎明确问题与害怕失去

如果芭芭拉一开始就拥有更加明确的“我”，那么她就不会将自己的问题看作“我丈夫不让我参加工作坊”。相反，她会反思：“问题在于，一旦取消工作坊的预约，我自己会很难过生气；而如果我不取消它，生气的会是我的丈夫。我应该怎么选呢？”一番考虑之后，她也许认为，这个工作坊并不太重要，或现在不是和丈夫起冲突的好时机；或是认识到，她不能妥协，她一定要参加，这件事没得商量。她会想办法，怎样向丈夫表明自己的决定，同时尽量平息可能的风波；还是先简单告诉他自己会去，等事情结束之后，再向他表明：尽管她尊重他的想法，但她的事情最后得由自己决定。

是什么阻碍芭芭拉表明自己的想法呢？为什么有很多人最后变得一味地好斗和抱怨，而不会阐明自己的立场和决定呢？女性当然没有天生受虐的倾向，也绝不可能心甘情愿地充当微贱的牺牲品。相反的是，位于婚姻跷跷板下端的女性积压了大量的愤怒，她们顺从越多、牺牲越多，愤怒就越强烈。

困境在于，我们潜意识地以为，只有继续待在跷跷板的下端，关系才能保持下去；做得更好（思路更清晰，行动更有力，更加独立，根据自己的利益采取行动）无疑是对关系毁灭性的破坏，它会贬低对方，威胁到他的地位，他最后会离开我、报复自己。有时，拥有更为强大的“我”，意味着决绝地摆脱不满的婚姻，我们对于这种可能性的害怕，不亚于对被人抛弃的恐惧。

也许，芭芭拉还没有准备好应对风险，从而不敢试探和丈夫的关系能否有所改变；也许，她已经确信，这份关系经不起多少改变了；也许，她进退两难，没有决定好要不要“留在这不幸的婚姻当中，和一个不愿改变的家伙共度余生”；也许，她没有给自己划定底线，“如果这种状况得不到改善，那我将离开”。在重要的关系中，当我们的立场逐步明晰、客观，就会面临焦虑和“可笑的自我压抑”，也许芭芭拉正是没做好准备，消解这些感受。在不知道朝什么方向采取下一步行动之前，大概也只能通过争吵和指责来反抗现状，同时又保护了现状吧。

对抗与还原行为

为了防止关系土崩瓦解，我们必须停留在跷跷板的下端，这并不是我要表达的想法。在一些情况下，关系的破裂可能是我们改变和成长的结果，但更为常见的情况是，对方会跟随我们一起成长，彼此的情感联系得到增强。我们可以学习如何在强化自我的同时，尽可能增强关系，而不是对它造成威胁。不过，改变并不总能轻松顺利地进行。

当我们拒绝原有的沉默、糊涂、无效的争执，当我们开始清晰地表达自己的需求、愿望、信仰和权利，对方会倾向于对抗或者还原。鲍尔温家庭系统理论的创建人强调：在几乎所有的家庭中，当有成员试图更加明确自我、更加独立时，几乎总会遇上对抗的力量。根据鲍尔温的理论，这股对抗的力量会以如下几步发展。

1.“你这样做是不对的”，然后列举一系列理由证明这一点。

2.“恢复到以前的样子，我们才会再次接受你。”

3.“如果你不恢复到以前的样子，后果会很……”，再列举各种后果。

有哪些常见的对抗呢？比如，我们会被指责为冷血、无情无义、自私自利、不在乎别人的感受。（“你怎么和你母亲讲话的，尽惹她生气！”）我们会受到了断关系的威胁。（“如果你要这么想，那我没法和你亲近。”“如果你确实是这个意思，我们还在一起做什么？”）对抗有各种各样的方式，有时，对方会哮喘，甚至中风。

往往在分离和改变带来过多的焦虑，对方企图恢复之前的平稳关系时，对抗就会发生。这并不仅仅因为他们想主导整个局面，或是大男子主义，最主要的原因还是焦虑，在焦虑之下对亲密和依恋的渴望。

面对对抗，我们应该如何保持自己的立场呢？首先应该任其发展，不要告诫对方不应该这样做——不仅控制自己的选择和决定，还想控制别人的，这是大多数人不切实际的奢望。我们不能希求对方会喜欢我们做出的改变；曾经，对方是在熟悉我们的做法时，选择我们的；我们不能在改变自己的情况下，还希望能轻易地得到他们的赞许和支持。

除了他人的对抗，我们自身对变化的抗拒也是难以应付的。比如，芭芭拉在婚姻中的地位和模式根植于她前几代人的历史。也许，芭芭拉的母亲以及早于她母亲的其他女性，也在婚姻中弱化自我，或是找了个弱化自我的丈夫。也许在芭芭拉的家族史中，从来没有要求夫妻双方明确自己的决定、通过沟通解决分歧的传统。我们所有人都会受到上几代人习惯的深刻影响，只是很难意识到而已。和很多女性类似，如果芭芭拉试图追求母亲并不具备的品质，她会内疚。

对于芭芭拉深处的潜意识而言，她的自信之举是不道义的——不仅背叛了她的丈夫，也背叛了她家族中的女性。因此，她可能会在不知不觉中抵抗自己渴望的改变。

更为复杂的是，个人经历中，过去遗留下来的问题，会影响我们当前的关系。如果芭芭拉总是陷入争吵和指责的怪圈，这可能意味着她在自己的原生家庭中没有顺利地解决分离和独立的问题，她需要重新面对并处理这个问题。芭芭拉能在原生家庭成员面前坚定自己的立场吗？她能很直接清晰地表达自己的想法和感受吗？她能按自己的想法，而不是遵照其家庭成员对她的期望行事吗？她允许她的家庭成员有同样的自由吗？如果芭芭拉难以与原生家庭中健在的亲人维系感情，如果她感到在这个家庭中难以明确自我，那么她在婚姻关系中也会遇到类似的难题。作为心理治疗师，我通常会帮助女性明确自己与父母、祖父母、兄弟姐妹的关系，并在必要的时候做出一些改变。只有这样，曾经的家庭模式和矛盾冲突才不会潜藏在新的关系中，让人重蹈覆辙；曾经掩埋的愤怒和焦虑也不会再次滋长，带来痛苦。

我们身处何方

芭芭拉打来的电话给我们展示了一个无效争吵的绝佳范例，因为在我们走进死胡同时做的事，她都做了：一是争论一个伪问题；二是将精力耗在改变对方身上。

◎伪问题

芭芭拉和她的丈夫在吵架时，花了不少工夫争论“我的工作坊究竟值不值得去”。这个问题和生活中的很多事情一样，每个人会有不同的看法。它是一个不是问题的问题，和芭芭拉真正的问题没有丝毫联系。她真正要解决的是：到底是为自己的生活做决定，还是保持现状以维护婚姻，这二者之间的矛盾。

所有的夫妻都可能争论伪问题，而且越是这类问题，越是容易吵得不可开交。我一直记得我婚姻关系治疗接见的第一对夫妻：他们坐在我的办公室里，热烈地争论晚饭到底是吃麦当劳还是海滋客。两个聪明人互不相让，各自列出吃汉堡和鱼肉的好处作为有力论据，企图驳倒对方。我当时还是新手，不太确定应该怎样帮助他们，但能肯定的一点是：他们之间激烈而痛苦的争执，与吃汉堡还是鱼肉其实没什么关系。

鉴别问题的真假并不简单，家庭成员之间的问题尤其如此。因为当两个成年人之间有矛盾时，他们经常会将第三方（孩子或者姻亲）卷进去，组成一个三角关系，使问题更加难以确定。比如，妻子责备丈夫说："你老是忽视儿子，我为此非常生气。你这个做父亲的从没有陪他成长过。"这里没有涉及真正的问题："我觉得自己被你忽视了，你陪我的时间太少，我很生气。"

丈夫对正在考虑新工作的妻子说："孩子们需要你在家里。我赞成你工作，但我不想看到孩子和家务都没人管。"真正的问题没有被提出来："你的变化让我担心、害怕。我不知道你的工作会怎样影响我们的关系。你对新工作的热忱加深了我对自己工作的不满。"

妻子对丈夫说："你母亲要把我逼疯了。她控制欲怎么那么强，总想指挥一切。她把你当成了半个小孩、半个老公。"而真正的问题是："我希望你能限制一下你的母亲，对她果决一点。我搞不清楚你最重要的感情投入到底是要给我，还是给她。"

当学到第八章的"三角模式"时，我们会发现，为难的不仅仅是不知道为何愤怒，连我们的愤怒究竟冲着谁，也很难说清楚。

◎**总想改变他**

和大多数人一样，芭芭拉总想把她的愤怒指向改变她的丈夫。她试图改变丈夫对工作坊的看法，改变丈夫对她将要参加的反应；她希望得到他的赞许，希望他乐意让她去。总之，她就是希望在工作坊的事情上，她丈夫会和她想得一样。

大部分总是暗自相信，自己掌握着“真理”，如果其他人和我们想的一样、做的一样，那世界该多美好啊。然而心理成熟度的标志之一，就是意识到现实是多样的，人和人之间会有不同的思想、感觉和行为。我们经常表现得好像“亲近”就必须“一致”。结婚了的夫妇与其他家庭成员尤其喜欢这样认为，只有一种“现实”，我们一家人都应该予以支持。

我们有权感知和思考任何事物，其他人不也一样吗？这一点总是会很难想到，所以我们要更加用心思考、体会。我们应该明确地表达自己的想法和感觉，承担责任，做事符合自己的价值和信仰。但我们无法让别人照我们这一套来。如果企图这样做，那么关系会变得艰难，我们将体验到不少痛苦，耗竭感情，而且注定会失败。

改变他人的愿望本身并没有错，但问题是这个愿望行不通。哪怕我们应对愤怒的技巧再熟练，都不能保证别人会跟着我们的意愿走，以我们的角度看问题，也没人向我们保证，一切都是公正的。只有放弃改变或者控制他人这种幻想，我们才能避免无效的争执。也只有这样，我们才能真正收回自己的权利——改变自己，为了自己的福祉采取不一样的行为。

在接下来的章节中，我们将学习如何将从芭芭拉的电话中得来的教训，运用到实践当中。这些课程看似简单，它们却囊括了以下四点内容。

第一，“愤怒地清算、数落一切”没有太多用处，因为发泄只会维持关系的旧有模式和规则，而并不能打破它们。第二，我们唯一能够控制和改变的不是别人，而是自己。第三，在改变自己的过程中，我们会感到恐惧、艰难，一不小心就会滑落到原来的沉默、指责和争吵的模式中。最后，在最严重的愤怒问题中，弱化自我往往是问题的核心原因。

The Dance of Anger

第3章

夫妻关系的圆圈舞：

生气解决不了问题

在我大儿子6个月大时，我们全家去加利福尼亚州的伯克利度假。一天，我在一家二手书店闲逛，随手翻到一本书，是当时最有名的儿童成长专家写的。当我发现儿子并不符合书中描述的那样，在特定的某个年龄阶段出现的某种行为时，我的心往下沉。“天啊，”我对自己说，“我的孩子发育迟缓了！”我忍不住回想怀孕时的并发症，一时不知该如何是好。难道我的孩子真有什么问题吗？

当天，我一见到我的丈夫史蒂夫，就迫不及待地告诉他我担心的事情。他很淡定地说：“不用在意，”好像对情况很有把握似的，“每个孩子发育的速度都不一样。儿子没什么问题。”他这样回复（在我看来，这样的回答是为了让我闭嘴），让我变得更加急躁。我想立刻证明我说得没错，于是事无巨细地复述了那本书的内容，以及我孕期的一些不适。他怪我小题大做，情况根本没什么不对劲的。我反驳他，说他在忽视、弱化问题。他冷冷地提醒我，我的母亲就是个“焦虑狂”，我现在这个样子，和我母亲越来越像了。我很愤怒，反驳说他的家人从来就不会担忧，因为根本意识不到问题。接着，我们就这样各执一词地吵来吵去。

接下来的6个月，我们总是吵来吵去，每次吵的东西都差不多。儿子仍然没有像那本书说得那样发育，反而差得越来越远了。儿子9个月大时，在我的提议下，我们带他做了发育测试。心理学家说，他在一些方面确实算发育比较迟缓的，但时间还早，说明不了任何问题。她建议我们再等一段时间，如果到时候还是很担心，就带他看看小儿神经科医生。

我和史蒂夫吵得更厉害了，也变得越来越爱吵，像两个机器人似的，不断重述立场，连怎么吵都始终一样：我表达的担心越多，史蒂夫就越是冷淡，越是不当回事；他越是冷淡，越是不当回事，我就越是坚定自己的立场，夸大内心的焦虑。矛盾不断升级，吵到最后，我们双方都无法忍受彼此，甚至用手指着对方吵。

我们陷进去了。两个人多年的心理学教育所灌输的理性全部消失了。很奇怪，我和史蒂夫竟然无法改变自己的行为。

"你们的孩子好得很。"堪萨斯一位顶级的小儿神经科医生淡定地告诉我们，那时我们的孩子已经快 1 周岁了。"他的发育是非典型的模式。有些孩子在学会走路之前，就是几乎什么都不会做。"果然，儿子没有经历慢慢爬、小步疾冲或是其他小孩在走路之前会有的活动，就学会走路了（时间点符合书上所说，没有延迟）。随着问题的消失，我和丈夫结束了马拉松式的争吵。

后来，我们意识到这些争吵是有潜在益处的。一方面，争吵帮我们减少了对儿子的担忧，替代了我们初任父母的各种压力。但另一方面，最令人印象深刻的，在于它让我们陷入了毫无进展的死循环。我们两个人表现得好像家里只有唯一正确的办法，来应对出现的问题。在这场夫妻圆圈舞之中，我们都坚定自己的舞步，试图改变对方。结果反而是谁都没有改变。

陷进去—走出来

夫妻关系是如何陷进死胡同的？问题并不总是出在压抑愤

怒上。相反，很多女人和我一样，非常容易愤怒，而且会表达出来。关键在于，一味地发泄愤怒并不会解决问题，反而经常使情况变得更糟。

当我们通过表达愤怒得不到想要的结果时，不妨尝试些别的方式，这样可能会很有帮助。比如，在我的案例中，我本可以采取其他方式和史蒂夫交流。我应该清楚，我担忧、焦虑的表现多半会引起他的反感，而只要他表现出反感，我会更急切地想说服他。其实我也可以这样做：收拾一下自己的情绪，不再向史蒂夫说来说去，出去和某个好友待几周。也许到那个时候，史蒂夫就能体会到自己的担忧了。我也可以选择在我们很亲近的时候，告诉他我很担心我们的孩子，希望他能支持我，帮我对抗那些担心的想法。这样一来，我既明确地表达了自己的焦虑，同时又暗示史蒂夫，完全不担心这个事情是不对的。史蒂夫也是有机会改变自己的行为，打破我们的争吵模式的。比如他可以找我谈话，告诉我他是关心孩子的。

我们都清楚，反复地吵来吵去不会有什么好结果，反而会恶化两个人的关系。但很奇怪的是，大部分人，包括我们，都在继续这样的行为模式，尤其在面对压力的时候。这样的情况数不胜数，比如，一位训斥丈夫没有好好坚持节食的妻子，会在他吃得多的时候更用力、更频繁地训斥他；一个女人会在伴侣变得冷淡时，愤怒地强迫对方表达爱意和关切，对方越冷淡，越是逼得更紧。所以，问题在于表达愤怒的方式并未起到什么作用，她们却照旧这么做下去。

即使是跑迷宫的老鼠，在撞进死胡同时，也会学着改变方向。为何我们的表现有时还比不上这些实验室的小动物呢？答案非常明显，因为改变行为会让自己焦虑，所以我们用旧有的方式吵来吵去，这样就可以避免改变带来的焦虑感。我们越是努力明确自己，越是对此感到害怕，而无效的争吵可以暂时缓解我们明确自我的进展。甚至有些时候，我们确信在安全摆脱困境之前，陷进去一段时间是必要的。

有时候，即使已经做好了冒险改变的准备，我们仍然会陷入毫无进展的争吵。人性使然：当人变得愤怒时，总会激动地回应对方，而忽略了在这种交流中观察自己的重要性。自我观察与某些女性所擅长的自我指责根本不是一回事。自我观察是在人与人的相互作用中观察自我和对方，发现两个人怎样互相回应的特点。虽然我们不能强求别人改变，但只要自己做出调整，原来的关系模式就会有所改变。

向我寻求帮助的桑德拉和拉里，他们夫妻二人的经历，就是一个典型的“陷进去—走出来”的故事。尽管他们曾经争吵的内容不一定在夫妻之间普遍存在，但他们关系的共舞形式还是非常普遍的。和许多夫妻一样，他们陷入了圆圈舞之中——各自的行为都激发并维持对方相应的某些行为。在这种情况下，双方越是努力想要改变什么，就越是卡在原地。

桑德拉与拉里的故事

“你们各自怎样看待婚姻中的问题？”在我第一次见到桑德拉和拉里时，我问他们。在桑德拉的提议下，他们决定接受婚姻治疗。我先是看了看拉里，接着又看向桑德拉，她马上接下了话茬，将身体转向我，手捧着脸，像扇百叶窗，将拉里阻挡在她的视线之外。

桑德拉的语气很愤怒，她列举了自己的许多不满。很明显，在此之前，她曾向其他人讲述过这些事情。她认为问题出在她丈夫身上。

“首先，他是个工作狂，”她开始说，“他忽略了我和孩子。我怀疑他已经不知道如何跟我们相处了。他是家里的陌生人。”桑德拉顿了一下，深吸一口气，继续说：“他表现得好像指望我一个人操持所有家务，照顾孩子。一旦出了什么问题，他又怪我反应总是那么大、不正常。我根本指望不上他，他自己有什么事情从来都是闷在心里不说。”

“如果你正为家里某件事情感到生气，拉里回来时，你会怎样叫他帮忙？”我问道。

“我会告诉他我很生气，比如我担心家里的财务状况，杰夫生病了我不得不陪他，孩子们今天要把我逼疯了。但他只是盯着我，还怪我晚饭怎么还没弄，或是说我又反应过激了。他总是说‘你怎么总是这么情绪化’，我简直想要大叫了！”

桑德拉不再说了，拉里仍旧一言不发。几分钟后，桑德拉开始继续说，生气得开始流眼泪：“他总是把自己摆在第一位，我已经厌倦这样了。他从来不主动关心我，也不关心孩子。当他一时兴起，想要当个合格的父亲时，又会自作主张，好像所有的事都归他管。”

“比如呢？”我问她。

“比如我们的大女儿罗莉看上了一个很贵的梳妆台，他问都没问我，就买回来了。买回来了才告诉我一声！”说到这里，桑德拉盯着拉里，拉里则避开她的眼神。

“当拉里做了你不赞成的事情，比如买这个梳妆台，你怎么让他知道你的想法呢？”

“这不可能！”桑德拉断然否认，“绝对不可能！”

“你指的是什么不可能？”我追问她。

“跟他讲啊！跟他面对面地讲啊！他从来不说自己心里是怎么想的，也不知道怎么交流想法。他从来都没什么反应。他一句话也不会跟我讲，只知道一个人待着，吵都不和我吵。要么冷淡地回你一句，要么一言不发，反而看电视或者看书去了。”

“嗯，我大概明白你对问题的看法了。”我问道，“那拉里呢，你怎么看你们之间的问题？”

拉里相当控制自己，他很从容地开始讲，几乎让人看不出来他其实和妻子一样愤怒。“桑德拉不够支持我，对我不够花心思，还老是烦我。问题就出在这里。”拉里开始沉默，像是终于完成了一天工作的样子。

“桑德拉在哪些方面对你付出不够、支持不够呢？你说具体一点。”

“真的很难启齿。她老是为同一件事情烦我。比如，我6点下班回家，累得不行了，想要得到片刻的安宁。可她却开始喋喋不休起来，对我抱怨孩子的问题、她自己的问题，这件事、那件事……有时我刚坐下来休息5分钟，她又跑过来拿一些事情烦我，比如垃圾处理器坏了，好像急得不行。”拉里很生气，但努力地控制自己的声音，说得好像在讨论道琼斯平均股指一样。

“所以你的意思是，你需要一些空间？”我问他。

“不完全是吧，”拉里说，“我是觉得桑德拉的反应总是太激动了，她情绪过激，总是制造出一些有的没的，表现得好像天都要塌下来了。确实，我是想说我需要更多的空间。”

“那对孩子呢？你……”我还没问完，拉里就打断了我。

“桑德拉是个操心过度的妈妈。”他很严肃地解释，就像在临床会议上描述一位患者的病情，“她对孩子担心过度，这一点像她的母亲。只要你一看到她母亲，就明白她的问题了。”

“那你担心孩子们吗？”我继续问他。

“只有在必要的时候才担心。但桑德拉是每时每刻都在担心。”

* * *

尽管第一次会面还不能完全呈现问题所在，但可以看出，桑德拉和拉里早已深深地影响了彼此的行为。和我的初次会面中，他们所表现的唯一共同点是指责对方。和许多夫妻一样，他们都把婚姻上的问题放在对方身上，每对前来做婚姻治疗的夫妻，都怀着一个没有明说的目的，那就是纠正对方。

让我们仔细观察桑德拉和拉里之间的生活细节，其中有许多值得学习的东西。虽然每对夫妻表现出来的问题不同，但他们陷入困境的模式有不少类似之处。

“他毫无反应！”

“她过于激动!”

这听起来并不陌生吧?桑德拉和拉里彼此抱怨的核心问题,可以给许多夫妻一记警醒。他麻木、忙碌、冷漠,这是她愤怒的根源:“我丈夫从不和我争执,从不表明他真正的感受。”“我丈夫就像台机器。”“我丈夫拒绝和我谈论任何事情。”“我丈夫把工作看得比家庭重。”男人的抱怨恰好相反:“我妻子总是反应过度。”“她很容易抓狂。”“我希望她能退后一步想想,不要老是唠叨抱怨。”“我妻子总是什么事情都要拿出来讲。”

通常情况下,夫妻双方抱怨对彼此不满的问题,正是他们当初彼此吸引的地方。比如桑德拉被拉里井井有条、不紧不慢的性情深深吸引,而拉里也曾经非常欣赏桑德拉的情绪丰富、天真率性。她对这个世界的感性和激动的反应弥补了他冷淡、理性的矜持,反之亦然。相反的性情相互吸引,不是吗?

情况固然是这样的,但凭这一点并不能使他们永远幸福。一方面,有些人敢于表达自己的某些方面,而这些方面可能恰好是对方所不敢表达的,这样,和这些人生活在一起会使人感到安心。但这样的组合将不可避免地付出某些代价:如果女人承担了表达情感的角色,她通常不仅要表达自己的,还要替丈夫表达,这样很容易变得“过于激动、蛮不讲理”。而总是依赖妻子处理自己“情感工作”的丈夫,会越来越不善于体会和表达自己的情感。最后,等他终于需要使用自己的情感资源时,才发现妻子可能不在身边。

在情感表达这一点上,大多数丈夫处在跷跷板的下端。有些男人能在包裹上系出好看的蝴蝶结,能修好用坏了的东西,却不能察言观色，注意到妻子情绪沮丧。他和家庭的情感联系可能很少，甚至连袒露内心的朋友都没有。这就是社会培养出来的“男人味”。这种男人尽管在处理事务、理解抽象概念方面游刃有余，但在建立和他人的情感联系、调和内心方面捉襟见肘，当人际关系中出现冲突和压力时，往往缺乏“解决”的动机和能力。传统的分工强调男人要有理性，却忽略了同等重要的一项，即处理情感问题的能力。大部分男人很少表达情感，在这个方面履职不足，与女人在这个方面过度履职密切相关。“歇斯底里”、情绪激动的女人往往和缺乏情感、态度冷淡的男人生活在同一个屋檐下，这其中应该是有一定道理的。

婚姻的跷跷板很难平衡。当夫妻试图让它平衡，尤其是在压力之下这么做时，往往会使问题恶化。感性而情绪化的妻子逼迫丈夫敞开心怀，表达情感，却发现丈夫变得更加冷淡、更没时间。理性而冷静的丈夫试图运用逻辑平复反应过激的妻子，却发现她变得更加愤怒、暴躁。典型的情况就是这样，双方都用自己的方式试图改变对方。问题就出在这里。

替拉里从事“情感工作”

尽管一直以来，桑德拉对拉里的冷漠感到气愤，她却没有意识到自己在这支圆圈舞中的角色。她没有意识到自己多么习惯于情感表达，可以做到张口即来。她把两个人的情感表达工作都完成了，反而妨碍了她丈夫去亲身体会。从事“情感工作”就像保洁，一直以来被认为是“女人的工作”，并且很多女人擅长于此。只有当女人不再替男人完成这份工作时，男人才会领取并完成属于自己的那一份。

尽管桑德拉不是出于有意，但正是她表达了超出自身之外的情感，从而使拉里能够维持他情感不足的立场。他们之间存在这样一种默契：桑德拉负责情绪反应，拉里负责理性决策。因此，桑德拉替拉里做出了情绪反应，她不仅回应了来自家庭的压力，也回应了本该拉里面对的一些问题。接下来的两个例子可以让我们看到，桑德拉如何替拉里从事感情工作，并用这种方式维持他的情感不足。

◎工作中的不公

一天晚上，拉里回家后告诉桑德拉，有个同事剽窃了他的创意。当拉里开始详细讲述事情的经过时，桑德拉为丈夫感到愤愤不平。但随着她的情绪不断投入到这件事当中时，拉里变得越来越冷静，反而越来越置身事外了。“你难道不生气了吗？”她问拉里，“这可是你的事情，难道你都没什么感觉吗？”

拉里当然不会毫无感觉。这件事情关乎他的事业，他受到了不公的对待。但他表露态度和情绪的节奏，和妻子很不一样。更重要的是，拉里其实已经让桑德拉替自己做出了反应。她像火山一样爆发，把拉里怒火都发泄掉了，从而让拉里不再感到有生气的必要。桑德拉所表现的情绪越多，拉里自己感受到的就会越少。

桑德拉很愤怒，因为拉里对自己的事情看上去一副无所谓的样子，她并不知道，正是自己的行为表现让拉里保持冷静和坚强的“男子气概”。拉里看上去没有为自己的烦心事苦恼，桑德拉因此觉得他像个没感情的人，从而责备拉里。但长久下来，桑德拉的这种行为方式只会强化她所抱怨的问题。只有当桑德拉学会放下，不再替拉里表达情绪时，这支圆圈舞才会有所变化。

桑德拉要改变起来，这并不是一件容易的事。但有幸的事，她真正做到了：一段时间之后，当拉里再次和她讲起工作上的烦心事时，桑德拉只是安静地听着。她不再替拉里表达情绪，不再提各种本不该由她提的办法。她尝试给拉里足够的时间和空间，让拉里对自己的问题有所回应，甚至为自己的麻烦事感到力不从心。拉里变得非常失落，这虽然正是桑德拉所期待的（“这个混蛋对什么事情都没反应”），但看到丈夫脆弱的一面，她还是会难过。她很惊讶，原来自己是希望拉里能保持冷静、坚强、淡定的大丈夫形象的。

◎与拉里父母的关系

桑德拉也阻碍了拉里意识到自己对父母的愤怒。通过替拉里责备他们、生他们的气，阻碍了拉里自己的感受。这样一来，留给拉里的工作只剩为父母辩护了。

这样的模式从他们的第一个孩子诞生时开始。拉里的父母非常有钱，那一年，他们一直住在巴黎，既没有满怀期待地迎接新孙女的到来，也没有表达要来看看她的想法。桑德拉很生气，她对拉里说，你的父母真是自私冷酷，只顾着自己。几年过去了，她仍然会气愤地责备他们的冷漠，但只是当着拉里的面，而从未向拉里的父母有所表达。

而拉里呢？他帮着父母，帮他们找各种借口。桑德拉对此很生气。这又是一支圆圈舞，双方的行为只会让对方变本加厉。桑德拉越是向拉里责备他的父母，拉里就越是为他们辩护，而桑德拉反过来越怒不可遏地责备。

其实，对于拉里而言，父母的所作所为对他的冲击很大，肯定大于对桑德拉的冲击。毕竟，他是他们的亲生儿子。但由于拉里总是替他完成情绪工作，因此拉里就只知道在妻子攻击父母时，自己应该对父母保持忠诚。

桑德拉的注意力放在了拉里对父母的辩护上，而没有真正关心自己和公婆之间的关系。这使得问题更加难以解决，因为她对丈夫的关注使她忽略了自己需要有所改变。

拉里的父母经常各地旅行，他们每年会来拜访一次。这些拜访都由拉里的父亲操持，他们会写信通知拉里和桑德拉，他们会何时到达、待多长时间。拉里父亲从来不会询问拜访是否方便，而是向他们下达拜访的通知，桑德拉对此非常愤怒。通常，她会向拉里施压，希望拉里对抗父母，但拉里总是拒绝。在桑德拉愤怒地责备他的父母时，拉里会一如既往地偏袒他们，找各种理由解释父母的专断。

桑德拉很失望：首先，她想让拉里做点什么，但拉里不做；其次，生气的总是她，发飙的总是她。一段时间后，桑德拉改变了这种行为模式。

她意识到，既然拉里父母的种种行为惹恼了自己，她就应该自己有所行动。她开始行动了：她给拉里父母写了一封信，没有任何言语上的攻击和责备，只是向他们解释说，他们何时来访这件事应该提前和她有所商量，安排一个双方都比较方便的时间，这对她来说很重要。她亲切地表明了自己的立场，非常直白，并在拉里父母初步的防御之下坚持自己的主张。出乎她意料的是，自己对拉里父母积压已久的愤怒消失了，她变得自信了些，能够针对自己不喜欢的问题，采取有效行动。同样令人惊讶的是，拉里的父母对于她的坦率表示肯定，很友好地赞成了她的提议。桑德拉迈出了处理与公婆关系的第一步，她和公婆的关系变得更加直接。

当桑德拉表现出这种新的自信时，拉里感到心慌。他甚至在一开始反对妻子写信的决定。他给桑德拉讲道理、摆事实，表明自己很反对。可桑德拉一心想改变，她没有反驳拉里，因为经验表明争执毫无意义。她向拉里表明，尽管自己尊重他的想法，但她需要自己决定对她而言重要的问题，包括是否要做、该怎么做、何时去做等。

桑德拉和拉里父母很直白地就问题进行交流之后，拉里发现她既没有受到攻击，也没有任何批评，而接下来，他自己和父母之间尚未解决的问题就开始凸显出来了。桑德拉不再向拉里抱怨他的父母，而是自己着手处理和他们之间的关系。拉里由此感受到应该处理自身问题的内在压力。

当女性以无效的方式发泄愤怒时（比如，桑德拉向拉里抱怨他的父母，这种做法必然不会改变任何事情），或过激地表露愤怒时，她并没有威胁到他的存在。她反而促成了他的冷静、镇定，对比之下，却让自己看上去很幼稚、不理性。女人应该明确问题，并利用愤怒的力量采取新的行为方式，只有这样，改变才会发生。一旦她不再过度履职，并开始以自己为出发点行动起来，对方的履职不足才会显现出来，让他意识并处理自己的焦虑。

指责游戏

桑德拉和拉里曾无休无止地争吵，他们为此耗去了大量的精力。与很多人一样，他们往往会争论，到底是谁先吵起来的，是谁错在先。夫妻之间经常会在“他们究竟是怎么吵起来的”这件事上，互相指责对方。

比如，你可以想象一下这样的场景：一个话多的妻子和一个寡言的丈夫之间如何影响对方。往往是丈夫越显得冷漠，妻子越是唠叨；而妻子越是唠叨，丈夫就越是冷漠。该怪谁呢，这很难说。

也许旁观的人会站在丈夫的立场上责备妻子，“都是她太爱唠叨了，什么都管，什么事都拿来烦他，所以这个可怜的家伙才会变得那么冷漠。”

也有人会觉得是丈夫不对，“都是因为他一头扎进工作里面，完全忽视了他的家庭，才会让他妻子那么不满，忍不住老是说他的。”

其实，夫妻争论到底是谁先吵起来的，无非是为了责备对方。但是一个巴掌拍不响，这种夫妻间的相互作用就像一支圆圈舞一样，一方的行为无时无刻地都在维持和激发对方的行为，所谓起点和终点很难说清楚。是谁挑起的矛盾并不重要，重要的是，“如何打破这种糟糕的互动”。

要打破这支蹩脚的舞曲，关键在于认识到我们自身的行为如何诱发并维持了对方某些反应。即使我们认为 97% 的错都在对方，也应该思考如何改变自己的 3%。这样一来，问题就变成了：“这支圆圈舞，我自己该怎样跳才好？”这一转变并不意味着我们生对方的气是不合理的，也不是说我们所处的性别角色对我们的期望无可厚非，事实上，它们对这种蹩脚圆圈舞的形成是负有责任的。这里应该强调的是，当对方不能自觉地反省和改变时，我们想要改变他们的尝试是一厢情愿，激发的矛盾和对立反而会保护他，使之停留在关系的旧模式当中。我们想要改变对方，反而阻碍了变化的发生，这就是圆圈舞问题的所在。

不老的舞蹈：寻求情感—情感疏离

主动寻求情感的人，会通过表达情感，寻求亲密关系，来缓解焦虑。而情感疏远的人，往往过于理性，回避情感，这样做他们会少些焦虑。通常，女性是情感寻求的一方，而男性是情感疏离的一方，桑德拉和拉里就是这样。

在波澜不惊的生活中，寻求情感的人和疏离情感的人就是一对珠联璧合的完美拍档。她天真、活泼、率性。他稳重、沉静、理性。但是，一旦生活遇上风浪，这种组合中双方各自的特点容易极端化，从而出现问题。

生病、孩子的养育、事业的变迁、财务危机……生活难免会遇到各种压力。对于这种组合的夫妻而言，不论问题的实质如何，他们互相的反应方式很容易导致冲突。她总是反应迅速，寻求同他人的联结，并渴望由此获得慰藉。她表达自己的感受，同时期待丈夫也这样做。可是他呢，往往显得十分理性、反应迟缓，令她难以接受。她会穷追不舍，对他究竟怎么想刨根问底。可她越是这样，丈夫越是疏远。她指责他冷血无情、反应迟钝、没人情味，而他也会怪她强人所难、歇斯底里，总想控制一切。

这种场面十分经典——如何收场呢？当这场追逐与逃离的舞蹈随时间逐步升级后，女方通常会像治疗师所说的那样，进入一种“疏远反应”的状态。她觉得受到了排斥，怒火中烧，到最后也许会试着处理自己的问题。而男方呢，当女方开始疏远时，他获得的空间比自己需要的还多。这时，他会想要靠近她，和她有更紧密的关系，但已经太晚了。女方通常会愤怒地回应道，“我需要你的时候，你到哪里去了？”在这一阶段，情感寻求和情感疏离的角色可能会互换一段时间。

其实，我们可以说寻求情感的一方一直在保护疏离情感的那一方。寻求者替对方表达了对依赖和亲密的需求，使对方不必面对自己依赖他人的需要和不安全感。在一段关系中，只要一方是寻求情感的，另一方就有机会变得冷漠、疏离，感到需要更多的独处空间。由于对女性角色特殊的定位，她们往往更容易被教养为寻求情感的那一方，但这种局面并非没有翻转的可能。当寻求情感的一方学会退后一步，重新将精力投入到自己的生活上，尤其当她能优雅地转身，不带任何敌对情绪时，情感疏离的一方才有可能意识到自己也需要和他人的联结，需要亲密关系，甚至主动行动起来寻求情感。

这并不是一个简单的过程，也很难一蹴而就。有不少女性只会变得冷漠或愤怒，或止步于“疏远反应”的阶段，这只能暂时打破她们互动的怪圈，甚至根本起不到任何作用。

◎打破追与逃的怪圈

桑德拉和拉里在寻求婚姻关系方面的援助之前，他们之间追寻与逃离的怪圈已经发展了很多年。他们第一个孩子出生以后，拉里对桑德拉的情感投入减少了，他把更多的精力放在了工作和爱好上。而桑德拉在主动追寻、愤怒指责、冷漠而痛苦的疏远之间进行着角色的轮换。他们的关系在这个过程中变得越来越差。

将近一年的婚姻关系咨询之后，在一个特别的周五晚上，桑德拉开始打破这个追与逃的怪圈。她强烈地意识到，有责任满足自己的需求，也更加清楚地明白，自己无法改变丈夫……这些感悟改变了她的行为方式，她开始做自己真正该做的事。

这个有点特别的周五晚上，一开始和往常没什么两样。孩子们已经睡了，拉里从公文包里翻出了一份需要好几个小时才能完成的工作。桑德拉走过来，坐在拉里旁边的沙发上。拉里很是紧张，以为她又要像往常那样爆发。但奇怪的是，桑德拉并没有这样做。相反，她非常自信而亲切地向拉里说道：

“拉里，我觉得自己应该和你说声抱歉。一直以来，我总是不断地烦你。到现在我才发现，那些我一直期待由你给我的东西，我完全可以自己提供给自己。也许，我们之所以老是出问题，一部分是因为你同时拥有家庭和工作，可我却只有你和孩子们。这是我的问题，我想改变这种状况。”

“哦。”拉里闷声回应，不确定这是什么情况。“好，这样很好……”他有点不知道该怎么回应。

第二天晚上，桑德拉问拉里，介不介意在周二和周五的晚上单独哄孩子们睡觉，因为她想出门。拉里不肯，说他有很多工作需要处理。桑德拉没有和他争论，她打电话给保姆，请保姆在那两个晚上过来帮忙。周二晚上，桑德拉参加了每周一次的瑜伽课。周五晚上，她和朋友们一起去看了电影，喝了酒。她不再以任何方式追击拉里了，也不刻意疏远或回避他。她对拉里比以往更加热情，不过同时也很明确地将精力放在自己的兴趣和安排上了。

这样持续了 3 周之后，曾经一味渴望独处的拉里开始感到紧张。他很惊讶，当妻子不再在他周围唠叨个没完时，他竟然感到很不自在。起初，他会找茬，想要控制属于她的那几个晚上她该做什么，不该做什么。桑德拉没有反击，很平和地向他解释自己也有社交的需要，她不能无视生活中这一重要部分。对于这个问题，桑德拉向拉里表明，她是为了自己好，而不是为了和他对着干。她表达得非常平和，同时态度不失坚定。

接下来的一段时间，拉里开始主动起来了。他不再把工作带回家做，并让保姆照顾孩子们，而他和桑德拉开始过起二人世界——这种夜晚在之前是不曾有过的。很有趣的是，当拉里开始感受到对桑德拉的依赖和她不在身边的不安，并表达出来时，桑德拉第一次感觉到独处的愿望。他们暂时地对调了追寻者和疏远者的角色，但终将走向平衡。到那时，他们二人都会意识到自己强烈的依赖对方的愿望，而当关系过于亲密时，又会想要躲开。

为什么最后是桑德拉先打破他们追与逃的圆圈舞呢？相比于拉里，桑德拉在这段关系中体验到的痛苦更为强烈。同时，她在关系中扮演的是情感追寻的角色，这使她在感情上处于下风。所以，当发现旧的行为方式并没有什么用时，她会很自然地想要采取不同的行为。为什么是她担负改变的责任呢？因为除她之外，没人能为她担负改变的责任。

打破追与逃的怪圈本身并不太可能让桑德拉和拉里的关系变得亲近，更为重要的是克服关系障碍。一旦他们意识到（双方都渴望亲近，但又害怕亲近时），他们的关系会更融洽。在怪圈被打破之前，拉里有一种安慰自己的错觉，那就是他以为只有桑德拉渴望亲密。桑德拉也以为，只有拉里有逃离亲密关系，渴望独处的愿望。

当追寻者停止追寻，并把精力放在如何经营自己的生活上时，这并不意味着疏远对方，或是一味愤怒，追与逃的圆圈舞就能被攻破。这听上去有点像以前人们教女人吸引男人的“欲擒故纵”的伎俩，有几分虚伪和狡黠。但让磨人的追寻或冷漠的回避继续下去，并不厚道。这样只会让女人感到需要爱、需要依赖，却不能让她的丈夫感到这些需要。当主动追寻的一方意识到对独处空间的渴望，并表达出来时，疏离的那一方才能意识到自己对对方的依赖，和对亲密关系的渴求。这样，关系才会变得更真实、更平衡。

最后一支圆圈舞：母亲操心过度—父亲置身事外

“桑德拉是个操心过度的妈妈，这一点遗传自她的母亲。”这是我们第一次面谈时，拉里对桑德拉母亲的评价，而实际情况的确如此。桑德拉的确为孩子们过度操心，而她的母亲也曾是这样对她的。孩子们不开心时，桑德拉也会变得不开心，她不擅于让孩子们自由地体会属于他们的喜怒哀乐。她总是能“灵敏地”探测到孩子们潜在的“问题”，这样她就有事情可操心了。对于桑德拉的问题，拉里说得没错，但他并没有意识到，在养育孩子方面，自己所应担负的那一份责任，从而保持一种平衡的亲子关系。

拉里一味地追求事业上的成就，这使他和家人关系疏远，也缺乏做父亲的技能。这使得桑德拉逐渐填补了拉里在养育角色上的空缺，而拉里也越来越感觉到自己被拒之门外，并因此更加回避。他为自己被边缘化感到愤怒，每当这种愤怒爆发时，他会粗暴地干涉桑德拉的养育方式。正如在最初的交谈中，桑德拉所描述的那样，当拉里爆发时，他表现得像是孩子的全权负责人，不留桑德拉与之商量的余地。他之所以这样爆发性地滥用父权，试图主导养育的权利，正是因为他被判定为家庭的“局外人”，他为此非常难过、生气。所以，在养育关系方面，桑德拉和拉里陷入了另一支圆圈舞：拉里越是置身事外，桑德拉越是过度操心，而她越是这样做，拉里越是不闻不问……他们不断强化彼此的行为，恶性循环由此延续，拉里爆发性的支配和干预穿插其中，而干预之后，母亲操心过度—父亲置身事外的模式再次继续。

这支圆圈舞极难打破，因为整个家庭都在极力维持它：夫妻双方都在要求对方有所改变。拉里责怪桑德拉过度卷入孩子们的事情，而桑德拉同样严厉地责备拉里对孩子们不闻不问。可在行为上，他们似乎都想让这支舞蹈继续跳下去。“你要改”和“变回去”，他们同时给对方传达了这个双重信息。正如大部分夫妻，他们既寄希望于对方的改变和成长，同时又害怕它、拒绝它。

比如，桑德拉总是抱怨拉里对孩子们关心不够，但当他尝试和孩子们接触时，她又会不断地纠正他细节上的不足，批评他做得不够好，或是不断地建议他应该怎样更好地和孩子们交流。桑德拉做不到退至一旁，让拉里以自己的方式和孩子们相处。她既要求拉里尽责，又想保持自己在养育方面的影响力，想要主导这方面的一切事务。如果放弃这一特殊的角色，她会更加强烈地觉得自己没用，也会对他们的婚姻更加不满。她这种矛盾的做法，向拉里传达了两重信息：一方面推动他对孩子们负更多的责任，另一方面又不自觉地妨碍了他和孩子们之间试探性的接触。正如拉里也以类似的方式，希望桑德拉“改变”，同时又要她“变回来”。

在婚姻治疗即将结束之时，桑德拉已能做到在婚姻问题的圆圈舞中主动改变舞步了。她将越来越多的精力放在自我发展的机会上，而不再无时无刻地替孩子们操心了，也不再指望通过担忧孩子们来填补生活的空白了。

在治疗早期，桑德拉通过将注意力放在丈夫和孩子们身上，从而避免面对自己的很多问题："我现在的生活重心是什么？""要不要培养一门新的爱好或技能？""接下来的几年，我有什么目标需要实现呢？"随着桑德拉关注并思考这些问题，她逐渐能给拉里更多的个人空间，既不总是干涉他、纠正他，也不夹在他和孩子们之间，从而让他能以自己的方式和孩子们自由相处。桑德拉后退了一些，而拉里前进了。孩子们也感受到，母亲把更多心思花在经营自己的生活上之后，就不再需要他们对她"忠诚"，把她放在优于父亲的"第一位置"上。因此，他们能够毫无压力地和父亲亲近，不需要为此焦虑和内疚。对于拉里而言，这种转变很有难度：他需要面对父亲这一角色的职责，同时担心自己不能做个合格的父亲。

总想改变他

多年以来，桑德拉一直想要改变拉里。"要是他改就好了！""要是他不是这样就好了！"她坚信，只要拉里改变了，一切就能好起来。然而，桑德拉越是极力想要控制拉里，想要改变他，拉里越是雷打不动。试图控制或改变别人，永远不是解决问题的好办法。当桑德拉把精力都花在了改变自己无法改变的人上时，她无法很好地运用自己的力量——改变自己的力量。

当桑德拉意识到拉里不为所动时，她没有选择将愤怒与不满藏在心里。她很明确地向拉里表达了自己的感受。她发现，在表明了自己的想法之后，拉里有时会照做，而有时不会。如果拉里没有反应，桑德拉会考虑下一步该怎么做。相比之前无休止的争吵，这种处理方式更为精妙复杂。

比如，拉里家务做到一半就不管了，桑德拉对此非常不满。换作以前，典型的反应是：桑德拉催促拉里完成家务，而拉里总是拖拉，而这让桑德拉催得更紧。于是，又一支圆圈舞形成了：拖拉—催促—拖拉—催促，桑德拉总是极力地催促拉里，尽管她的催促总是无效。通常，桑德拉越是催促，拉里对自己不负责任的行为越是心安理得。桑德拉的指责使拉里生气、防御，反而很难想到自己确实没有做好，从而不觉得内疚。桑德拉想要扭转拉里的行为，结果却让拉里更加轻松地回避了自己的问题。

比如，当卫生间的天花板只漆了一半，油漆桶堆得到处都是，桑德拉会直接向拉里表明，她很生气。如果拉里没什么反应，桑德拉会把心思花在接下来做什么、不做什么，如何满足自己的需求上。桑德拉一感到不满就这么做，从而没有积压怒气。所以，在进一步和拉里交谈时，她能做到不带任何敌对情绪，好让他知道她做这些是为了自己，而不是针对他。

在考虑到一些可行的选择之后，她可能会对拉里说："虽然我不喜欢你这样，但我能忍。""我希望你做事能有始有终。当然，如果你这周还不把事情做完，我要是受不了，就会自己动手。自己刷油漆也没什么大不了的。"或是，"这个工作摊在这儿，我最多只能忍受一周。到时候我会自己做，但我会很生气。

我们现在到底要怎么做，才能既不让你觉得受逼迫，也不让我生气呢？这样吧，要是到周六天花板还没有刷完，我就找个油漆工。”显然，桑德拉总是可以处理掉天花板的。假如拉里从地球上消失了，她难道要在一个只漆了一半的天花板下度过余生吗？只是，在以前的关系中，桑德拉会把大量精力花在改变拉里上，而忽视了自己决策和行动的力量，而这是我们靠得住的唯一力量。

The Dance of Anger

…

第 4 章

挑剔的母亲令人愤怒：

玛吉的故事

将好的想法付诸实践，尤其是落实在第一家庭成员上，很是个挑战。与原生家庭成员（父母、兄弟姐妹）的关系，会深刻地影响人的一生。家庭倾向于建立刻板的规则，设定固定的角色，这些做法会限制每位家庭成员的所感、所想、所为。这些规则与角色很难挑战，改变起来也并不容易。当某个家庭成员以不符合原有的“家庭剧本”行事时，焦虑会潜滋暗长，促使大家努力恢复到原有的状态。

如果我们逃避焦虑，在旧的家庭模式下明确新行为的焦虑，如果我们只是一味地对原来的关系模式感到愤怒，可能面对两种阻力。

一方面，我们可能与家人“作对”，说对方有什么问题，想法或者行为该如何改变。我们这样做，其实是在试图改变他人。但在这种情况下，他们往往会因此感到愤怒，并戒备我们的建议。我们很可能因此感到挫败和内疚，同时也会放任对方的问题继续下去。“我的母亲（或父亲、兄弟、姐妹）把我的话当耳边风，他们是不会改变的！”——我们下这样的结论。

另一方面，我们可能会断绝与某个家人的联系（地理或亲情上的）。的确，要安抚日积月累下来的愤怒和失落，最速效的办法就是离家出走，搬到离家千万里的地方去（最好换到别的国家），或是找个有同情心的治疗师做“再生父母”。我们会离家人远远的，尽量不再来往，或勉强保持表面上的亲情关系。这种处理方式的确能降低关系带来的焦虑和紧张感，我们在亲密情感中体验到的不自在，确实可以通过疏远得到缓解，从而获得短暂的快慰。但从长期看，这会带来许多麻烦。所有在原生家庭中尚未解决的冲突，会在另一段重要关系中爆发，情侣、夫妻、亲子之间，都有可能。更重要的是，疏远原生家庭，会影响我们以冷静客观的方式处理新关系中的问题。相反，如果能灵活地应对原生家庭的问题，并走出这些关系中可能面临的“死角”，那我们也能以更好的方式处理其他任何关系。通过讲述玛吉的故事，我们将重新走进自己的原生家庭，并学会以不同的方式应对愤怒。

玛吉与母亲的宿怨

玛吉今年 28 岁，在当地一所大学念研究生。她前来找我咨询，是因为偏头痛反复发作，以及对丈夫鲍勃缺乏性欲。在治疗的第一个阶段，她几乎只谈论了一个话题——她的母亲。尽管玛吉住在堪萨斯，而她母亲远在加利福尼亚，时空的距离并没有使她远离母子关系中的伤痛。

玛吉能很自由地表达对于母亲的愤怒，如果让她放开讲，她可以就这个话题一直讲下去。玛吉说，她和母亲难很共处，即使玛吉离开她，并建立了新的家庭，她们的关系依旧非常糟糕。玛吉接受治疗 5 年前，她的父母离了婚。不久之后，她就嫁给了鲍勃，并搬离了西海岸。从此之后，玛吉与父亲日渐疏远，尽管与母亲身处两地，她们的关系也变得愈发紧张。

玛吉每年都会履行邀请母亲过来玩的义务，但每次母亲才来两三天，玛吉的愤怒和沮丧就会膨胀。在治疗中，她详细地向我讲述了母亲糟糕的拜访。她的声音里充满绝望和愤怒，没完没了地数落母亲的种种不对。母亲对自己的否认和干涉，玛吉都记得清清楚楚。比如，玛吉曾回忆：母亲完全没有注意到她和鲍勃重新装修了客厅；得知鲍勃将要升职，母亲都没有祝贺他；她和鲍勃精心为母亲准备丰盛的晚宴，而母亲抱怨做菜太多了；母亲还怪玛吉的厨房太乱，不懂得理财。当玛吉告诉母亲自己怀孕三个月了时，母亲的回应是："你连打扫卫生都没时间，还能应付得了一个小孩？"

对于母亲的这些，玛吉从不当面回应。只有母亲已经离开了，她才会愤愤不平，发一通脾气。玛吉很生她母亲的气，但她把治疗室当作安全泄愤的地方，仅此而已。她从未反驳过母亲，比如说："妈妈，这次怀孕对我和鲍勃来说太重要了，我们都很兴奋。虽然我也会有担心，但还是相信自己能做好的。"或者："虽然我的理财方式和您很不一样，但我很喜欢，就像您对您自己的理财感到满意一样。"玛吉在受到打击时，总是保持沉默。她在生闷气、疏远母亲和发脾气之间一次次地循环，但这些应对方式并不能改善她的境况。

诚然，我们并没有必要计较任何的不公正对待和所有的愤怒情绪，这不可取。让一些事过去是成熟的表现。但玛吉完全无法表达，然后突然爆发，这已经成了她应对母亲的惯常方式，并因此非常痛苦。在此过程中，玛吉弱化了自我，她不能明确是哪些问题在折磨她，并感到压抑、挫败、痛苦和愤怒。

我问玛吉为何总保持沉默，她为自己找了很多理由："我绝对不能那样回答她！""我母亲是不会听进去的。""我都试了成百上千次了，没用。""这种情况根本没戏。""我如果那么说，她会被气死的。”“这对我已经不那么重要了。”“你根本不了解我的母亲！”

是不是很耳熟？在家庭关系中，当我们情绪过激时，通常会指责对方沟通不够：是父亲（母亲、姐妹、兄弟）耳背、什么都听不进去、脑子有问题、无能、没用、脆弱、只顾自己。我们会认定是对方的问题妨碍了自己的表达，妨碍了我们改善关系。通常，我们会忽视自己在冲突中和他人是互动的，也忽视了自己带来改变的能力。

乍看之下，除了隐忍或者和母亲争吵，玛吉似乎别无选择，但根据和母亲交往的经验，她应该可以意识到，这些做法都没什么效果。哪怕她一时泄愤了，之后仍会觉得无比失落，并陷入下一轮的隐忍与情感疏远的恶性循环。

一年之后：宣战

一年之后，玛吉的母亲再次来访时，玛吉和鲍勃的新生儿艾米已经两个月大了。母亲的行李箱还没打开，她和玛吉两人的战线就已经拉开了。随着时间的推进，两人的冲突不断升级。新生儿的到来使玛吉变得好斗，在艾米的护理问题上，她们战斗不断。

当玛吉决定放任艾米哭到入睡时，母亲则要她把艾米抱起来哄着入睡，并警告她这种忽视对艾米不好。当艾米根据孩子的需要喂奶时，母亲建议她定时喂养，并警告说喂奶时间过长会宠坏艾米。类似的事情数不胜数。

在母亲的这次拜访期间，玛吉不再一味地忍受母亲的说教。她列举医生、心理学家和儿童护理专家的种种建议，反驳她的母亲。她时常与母亲争辩。但玛吉越是穷尽各种论证，母亲越是固执己见。当争吵一发不可收拾时，玛吉会怒火中烧，责怪母亲死板、专制、固执。母亲会因此生闷气，玛吉也随之沉默。彼此沉寂一段时间之后，又会再起争执。

母亲待到第四天时，玛吉感到自己神经快要崩溃了，偏头痛快要痛完了。她再次将母亲判定为“毫无希望的案例”，并愤恨地表明，她别无选择，只能像以前那样隐忍，而且以后尽量减少和母亲相处的机会。

◎问题出在哪里

玛吉与母亲争吵时，一个明显的问题在于：玛吉总想改变她，而非明确表达自己的想法，并支持它们。试图改变他人，尤其是我们的父母，很容易让自己感到挫败。可想而知，玛吉逼迫母亲承认错误，只会让她变得更加固执。玛吉应该意识到，她无法控制别人的思维和感受，一味地强求只会让母亲更固执，徒增自己的烦恼。

读者也许已经看到了玛吉和母亲争吵的另一个问题：她没有真正明白自己愤怒的根源。通常，母亲和女儿争吵的总是伪问题：是定时给艾米喂奶，还是根据艾米的需要喂养；是哄艾米入睡，还是等她哭累了自己睡着。在抚养孩子问题的外壳之下，真正的问题在于：玛吉希望独立，希望脱离母亲。

玛吉对母亲的过激反应，不利于她专注下来，充分思考自己的状态。而只有这样做，她才能发现自己的主要问题，并决定如何应对。临床治疗上，一味地发泄积压的愤怒没有特别的价值。宣泄能带来一时的轻松，被指责的一方也往往因为遭受口头攻击而不会主动反省。这一切“解决方式”都是暂时的。

◎诊断问题

在某次治疗会谈时，玛吉告诉我她和母亲因为艾米的护理问题又吵架了，而我决定打断她。

“你这么保护你的母亲，这让我感到很惊讶。”我对她说。

“保护？”玛吉惊叫道。她觉得我犯糊涂了。“她把我逼急了。我怎么会保护她，我和她吵架还来不及呢。”

“那吵完架呢？发生什么了？”明知故问。

“什么都没有变化！没有什么结果！”玛吉说。

“是啊。”我说，“你就是这样保护她的。你从不直面问题，而是吵一些没有结果的事。你和你母亲吵来吵去，却从来没有让她明白你的立场。”

“我需要什么立场呢？”玛吉问。

“你需要表明，谁才是艾米的监护人，由谁来决定艾米怎么抚养。”

玛吉沉默良久。愤怒的表情逐渐消散，变为些许的担心和失落。“可能我确实不知道自己的立场吧。”

“那我们应该先看看这个问题。”

经过这次交流，玛吉开始有所转变。她开始认真观察自己的处境，表达自己的体验，明确自己的想法，而不再一味地责备母亲。在这段时间，玛吉对自己和母亲的相处有了新的认识。她惊讶地发现，她把母亲排斥在新家庭之外，她为此感到内疚。在某种程度上，她希望和母亲分享养育孩子的事，这样母亲就不会失落了。

她突然明白，自己离开家、结婚都与父母离婚有关。她后来提到了没有被提及的一点，非常关键：母亲生下玛吉之后，为了从产后抑郁中恢复过来，接受过电击治疗。尽管玛吉最初并没有意识到这点，但她可能担心艾米的出生会再次让母亲抑郁。

接下来的几个月里，玛吉逐渐发现了和母亲的各种深层联结。她更理解母亲了，不再生她的气。同时，她对所有家人的理解都更加深刻了。包括她自己，所有人都在无意识地想要保护母亲，使她远离孤独、抑郁，而不论现实中母亲是否需要这种保护。更重要的是，玛吉认识到，自己是希望与母亲继续维持联系的，最好像以前那样紧密——而只要玛吉和母亲争吵，或是对母亲的苛责予以默许，她就相当于没有真正离开母亲的家。哪怕她搬到月球上，也仍是母亲的小宝贝。

随着玛吉不再害怕面对这种“分离”，不再为自己的坚强和独立感到内疚，她准备改变和母亲的关系。即使自己作为一名成年女性、一名母亲的权威遭到质疑，她也不再生闷气，或是像以前那样争吵了。玛吉决定展示她的独立。

母亲的下一次来访：打破旧模式

如今，艾米快一岁半了。玛吉母亲来到家里的第二天，是一个周日的下午，天气炎热，鲍勃约朋友出门打网球去了。玛吉把艾米放到床上，想让她睡会觉，但艾米哭个不停。过了大概 5 分钟，玛吉的母亲突然从椅子上跳起来，把艾米抱出婴儿床，并对玛吉说："我真是受不了她在那哭！我来哄她睡觉！"

玛吉开始愤怒，她很想冲母亲叫喊。但她明白争吵不会有任何结果，忍受也是。因为这些做法都不能让玛吉看上去独立于她的母亲。所以，她突然冷静了下来。

玛吉尽力保持冷静，站起身，从母亲手中接过艾米，又将她轻轻放回婴儿床，然后她面向母亲，不带任何怒气或指责地说："妈妈，我想和你谈谈，有些事对我很重要。我们去走廊吧。"

玛吉心跳加速，她觉得自己快要晕倒了。她瞬间意识到，争吵比这样做轻松多了。她将要向母亲表明自己的独立。她将以成熟负责的姿态向母亲展示自己的独立。母亲也显得很紧张，因为这种冷静而坚定的口气，有点不像她心目中的女儿。

她们做在门廊的秋千上。玛吉的母亲先开口，努力压制愤怒的语气："玛格丽特（母亲生气时，就会这样称呼玛吉），我受不了孩子在那里哭。她想被人抱起来，我不能装作没听到她在哭。"

玛吉的声音很平静，透着坚定，不带一丝怒气。她直视母亲说："妈妈，我很感激你这么关心艾米。我知道你很希望艾米得到精心的照顾，但有些事我不得不说……"

玛吉停顿了一下。不知为何，她感到胸口冰凉，一股恐惧袭来。她猜想母亲也有类似的感觉，并保持冷静。

"妈妈，艾米是我的孩子。我正在很努力地学做一个好母亲，与她建立好的关系。我能对我的孩子做我觉得对的事情，这很重要。也许我有时会犯错，但目前我还是想以我觉得合适的方式照顾艾米。我这样做是为了她好，也是为了自己好。我很希望得到你的支持。”玛吉惊讶于自己成熟而坚定的语气。她继续说：“妈妈，当你纠正我，告诉我该如何对待艾米时，当你亲自上阵干涉时，我并没有获得帮助。相反，如果你不那么做，我会感觉非常好。”她说得很温和，充满诚意。

一切死寂下来。玛吉觉得自己刚才像在用刀子捅她的母亲。随后，母亲和往常一样，变得非常愤怒。她好像压根没有听到玛吉刚才说了什么，喊道：“玛吉，我受不了孩子受罪。艾米才那么一点大，怎么能随她在婴儿床里哭呢。”母亲继续絮叨玛吉这样做对艾米的心理如何不好。

玛吉想再次强调自己的立场，但是克制了下来。她意识到，那样做会转移话题，使她更不能将真正的问题说出口——作为个体，她希望独立于母亲存在，有自己独特的处事方式。

玛吉变得很恭顺，很耐心地把母亲的话听完。她没有反驳母亲，或是从别处非难她，而是以一种截然不同的方式和母亲交流，她们双方都意识到了这一点。

“妈妈，”玛吉柔声说，“我觉得你刚才并没有听到我在说什么。关于艾米在婴儿床哭闹的事，我很难说自己是对还是错。但目前来说最重要的是，我是艾米的母亲，我对艾米做的都是我认为对她最好的。我也可能会犯错，也并非对所有事都有最终的话语权。但我在努力变得独立于你，努力相信自己能做艾米的好妈妈。对自己的孩子做我认为正确的事，这对于我而言非常重要。”

母亲更加焦虑了，她抬高声音：“我养大了四个孩子。你现在告诉我你不需要任何建议？我没有什么值得传授给你的？还是说我应该待在自己家里？如果你是这个意思，我马上走。好像我是在你这儿帮倒忙的。”

玛吉感到一股新的怒火又烧了起来，但很快把它扑灭了。玛吉沉住气。她提醒自己不能又回到吵架中去。她对母亲说：“妈妈，我很感激你能来帮我，也知道你对养孩子懂很多。也许以后，等我对自己独当一面的能力更自信的时候，等我觉得自己能更确信自己养孩子的技能之后，在某些问题上我会向你询问建议呢。”

“难道你现在就不想听我的建议吗？”母亲这不是在问她，而更像是在谴责她。

“是的，妈妈。”玛吉回答道，“除非我向你询求建议，否则我确实不需要。”

“但我做不到袖手旁观，眼睁睁地看你毁掉孩子。”玛吉的母亲怒火中烧，变得有些挑衅。为了恢复她们以前的关系，那种总是可以预见到对方行为的关系，母亲不自觉地想把玛吉引向争吵。

玛吉说：“妈妈，我和鲍勃初为父母，一开始当然会有些艰难。但我相信我们能做得很好，而且会越来越好。我相信我们绝不会毁掉艾米。”

“你这是在批评我！”母亲好像没听到玛吉刚才的话，“我一直尽力帮你，但你根本不领情！”

“妈妈，”玛吉的声音依然十分平静，“我并不是在批评你，也没有说你做得不对。我是在向你表明我的立场。我刚把艾米放下，你就把她抱起来，这类行为会让我很生气，因为我正在很努力地锻炼自己，靠自己成为一个自信独立的妈妈。我没有批评你，而是在向你表达我的感受和期望。”

玛吉的母亲猛地站起身，回到屋里，用力关上了纱门。玛吉的脑子里浮现出种种可怕的幻想，她害怕母亲会自杀，害怕自己再也见不到她了。她突然意识到自己的膝盖在颤抖，有些头晕目眩。此刻，玛吉和母亲都在体验“分离焦虑”——而玛吉就要离开“家”了。

理解母亲的反应

在玛吉和母亲的关系上，当玛吉不再是原来的典型角色时，自己和母亲的状态究竟会怎样，她对此惶恐不安。母亲看到玛吉不再像以前那样和她交流，甚至和她争吵，她反而变得近乎荒唐的固执，极力逃避关系变化造成的焦虑。这种焦虑往往能从关系中的一方传至另一方。

乍看之下，母亲的行为显得粗鲁、不近人情、令人反感，但同时也透露出她渴望与女儿保持亲近，而不愿承受这通往更多独立的痛苦的分离过程。其实，如果母亲表现得非常冷静、理性，那么一次次的交谈下来，焦虑爆表的人恐怕会是玛吉。她们不仅害怕失去对方，更要命的是，这种恐惧长期根植心中，她们并不知道如何用更好的关系取代已有的关系，这是可怕的未知。正是出于这个原因，当玛吉打破她们不断重复的交流方式时，她的母亲会无意识地受到威胁，她害怕这会使她和玛吉的关系破裂，所以极力想要回到原来的交流状态。

虽然玛吉已经想清楚了，决定勇敢地应对新情况，但她还是会感到压抑和动摇。“我做错了吗？”她自问，“我母亲是不是反应过头了？”“我终于能勇敢地向母亲表达自己的想法了，但是我会因为这一点永远失去她吗？”

当然不会。在家庭关系中，当我们变得更强大时，必然会引发对抗。玛吉母亲的“还原”反应，是因为她害怕玛吉的独立言行，类似于自我独立宣言，是在残酷地拒绝自己。对于玛吉而言，危险时隐时现：母亲可能会变得无比失望、会疏远她、会崩溃，她们的母女关系可能会因此断绝。正如我们之前所见，这种情绪上的对抗（你这样做不对，变回原来的样子吧……）是必然的、可以理解的，某种程度上也是普遍的。事情究竟会如何发展下去，还是取决于玛吉自己怎么做。

◎新的舞蹈：一次一小步

玛吉还有很长的路要走。母亲很生气，把自己关在房间里，玛吉感到害怕，觉得对不起母亲。她原本急不可耐地想要脱离母亲的控制——“脱离原来的处境”。她表达了自己想要表达的，但现在她只希望自己或者母亲马上消失。

但没什么用。在重要的关系中，对问题点到为止并不能带来长久的改变。如果玛吉真心希望她和母亲的关系有持久的变化，就要做好走远路的准备。

首先，玛吉需要向母亲表达（既为她自己，也为了母亲），虽然她希望最后能够独立于母亲，但她并不想脱离和母亲之间的亲密与关怀。在重要的关系上，独立意味着我们能做到不被情感迷失，明确自己的立场，而并不意味着疏远对方。因此，玛吉需要行动起来，向母亲表明，尽管她会遵照自己的需求和信念形式，但她永远是母亲的孩子，依然深爱着她。

在母女之间，为更独立而进行的博弈往往会带来害怕被拒绝和失去对方的焦虑。主动行动的一方（此案例中是玛吉）必须有所担当，尽力维系与对方的情感。如果玛吉做不到，她的母亲会觉得自己被玛吉拒绝了，会为此愤怒。而玛吉也难免因此而感到内疚、焦虑。这样一来，双方会不知不觉地回到原来的关系模式中去。

那玛吉如今该怎样尽可能地和母亲保持亲密呢？她可以多问问母亲，有什么爱好和安排，也可以多询问母亲过去的各种经历。这样做可以和家人保持感情交流，是最好的办法之一，同时也可以更了解自己。玛吉可以等事态平缓一些，母女的关系和缓之后，再和母亲讨论抚育艾米的问题——在这方面，母亲是当之无愧的专家。比如，玛吉可以说："妈妈，有时候我尽力安抚艾米，但她还是哭个不停。在我小的时候，也会这样吗？你是怎么做的？"或是"你是怎么把四个孩子养大的，尤其是有两个孩子只相差一岁？"如果母亲气还没有全消："哼，我还以为你听够了我的建议呢！"那玛吉可以说："其实我认为建议不太有用，哪怕是好的建议，因为我只想亲自解决这些问题，找到自己的解决办法。但是，我发现向你学些经验还是很有用的。"

如有必要，玛吉可以阻止母亲提各种建议，这和中止感情交流是两码事。我们越是独立，就越能了解自己的家人，就越可以更好地表达自己。

除了关心母亲，维系和她的感情之外，玛吉还需要面临一系列“考验”。因为母亲需要确定，玛吉到底是“认真的”，还是更想回到以前的互动模式。再强调一次，这并不意味着玛吉母亲是个固执而疯狂的女人，相反，这在所有的家庭关系网络中，几乎都是必然存在的。这像一条基本的物理定律，玛吉必须做好准备，面对母亲的挑衅、疏远、威吓，以及以老样子对待艾米。玛吉如果觉得必要，在和母亲维系感情的前提之下，也应准备像坏了的唱片一样，随时向母亲重申自己的信念。需要反复强调的是，对问题点到为止的一次性的处理方式，无法确保玛吉能够更加独立。

因此，母亲起身回房，玛吉要做的事还远未结束。在这个特别的日子里，玛吉只是刚刚起步，在原生家庭中变得更独立。如果她能坚持下去，那么总有一天，在重要关系中，她能获得更大的独立、更明确的自我。而她的母亲也会进入尊重对方个体性的互动模式，以更成熟的方式投入到母女关系中。

明确更加独立的自我，玛吉能够忍受由此带来的焦虑与内疚吗？还是会受不了母亲的反应，从而回到原来的交流模式中？球踢到了玛吉这里，她面临艰难的抉择。

◎以新的方式相处

玛吉选择改变以前的交往模式。她曾多次抓狂，并暂时地回到争吵和教训、批评、疏远母亲的怪圈。但最后，她都能重新克制自己，以更好的方式处理问题。

时间慢慢过去，她继续坚持自己的独立，和母亲之间的相互指责和疏远也逐渐减少了。慢慢地，她们形成了一种更为成熟的关系，她和母亲聊起多年以前的一些问题，它们一直掩盖在无休止的争吵之下。玛吉开始询问母亲过去的生活、父母以及自己的童年往事。甚至，她会选择一些以前是"禁忌"的话题（"妈妈，我出生之后，您怎么意识到自己得了抑郁症呢？"）玛吉和母亲以前所未有的方式彼此交流，而在以前，她们总是沉默、相互挖苦、争吵或是疏远对方。她们以这种新的方式交流了越来越多之后，玛吉能够以不同的方式看待母亲以前那些讨人厌的行为了。她逐渐意识到，母亲对她的干涉和批评，其实是因为她很想帮助玛吉；她也担心，如果不这样做，她将会失去玛吉。除了提供建议，甚至批评，到底应该如何帮助玛吉，如何保持亲密的接触，这也是母亲所困惑的。她曾和玛吉一样不愿松手，想要固守原来的互动方式。玛吉母亲同玛吉外祖母的关系就曾是如此，总是通过吵架维持关系。

玛吉的父亲是怎样一个人呢？同其他许多父亲类似，在养育玛吉的过程中，他时常缺席。玛吉父母离婚之后，玛吉和父亲的关系越发疏远了，一部分原因是：如一条不言而喻的家庭守则所示，玛吉在父母协议离婚时，选择站在母亲的阵营。如今，当玛吉不需要按以前的方式与母亲保持感情时，她开始以更为成熟的方式对待父亲，和他进行一对一的交流。

这样做并不简单。对于建立亲近的关系，玛吉和父亲都有些不适和焦虑。在玛吉最开始给父亲写信时，父亲反而更加疏远了，这是在对抗玛吉发起的变化。父亲的“还原反应”其实和母亲的同样强烈，只是表达的方式不同罢了。令玛吉感到意外的是，面对父亲的疏远，她能保持冷静，并坚持以低调的方式继续和父亲分享生活中的大事件与小问题。尽管父母之间的矛盾没有消解，但玛吉新有的独立帮助她远离父母的冲突。这一壮举需要玛吉极大的决断力。一段时间之后，她与父亲的关系开始有所好转。

随着玛吉与父母的关系改善，她前来咨询时的病症也逐渐消失了。她的头痛再未犯过，和丈夫的性生活更加和谐了，对于其他关系，玛吉变得更明晰、更自信了。

玛吉所有的努力也会在她的下一代身上得到回报。当她的孩子们更大一些时，她能以更好的方式，给予他们恰当的独立自主的空间。我们从原生家庭中独立出来的程度会影响下一代的独立。如果玛吉没有走好这一步，那她可能会在日后过度干涉孩子，对他们的问题反应过激；或是在孩子长大之后，她才意识到自己过于疏远他们，甚至断绝了感情的联结。这些问题是同一枚硬币的两面。也许玛吉现在还没有想那么远，但她现在做到的，确实是金钱所能买到的最好的“养育效能训练”了。

做自己，才能与他人建立亲密关系

自主、个体性、独立、自我——这些特点是心理治疗师所奉的基本价值和治疗目标。对于寻求帮助的女性也往往如此：

“我想了解自己。”“我希望知道自己是什么样的，我真正需要什么。”“我不想再过分地在意别人是否认同我。”“我希望在做自己的前提下，与他人建立亲密关系。”

一开始，我们需要在自己的原生家庭中定义独立的自我，然后才是在其他的亲密关系中这样做。和玛吉一样，我们可以在生命的任意一个阶段，努力变得更加独立（与此同时，更强大、更有能力地与他人建立关系）。重新调整与家族中人的关系尤其能带来极大的好处，因为我们在这些关系中形成的自我将会深深地影响当前关系的本质。

不断明确自我，是一项毕生的事业，而我们的愤怒是一把双刃剑。一方面，它使我们不得不诚实，关心自己的需求。比如，玛吉对母亲的愤怒是一种信号，提醒她与母亲交往的方式是不舒服的，需要改变。另一方面，如我们所见，一味地发泄愤怒并不能解决相应的问题。相反，正是玛吉不指责、不抱怨，直接向父母表达自己的想法，同时努力维系与他们的感情——正是玛吉的这种自主和独立，才使关系好转。同时，玛吉做到了非常冷静地坚定立场，不因父母的对抗或“还原”反应而动摇——这通常很难避免。一旦在重要关系中明确更为自主的立场，我们很容易碰到类似的阻力。这些过程对实现自我与独立意义重大。此外，独特的交流方式与一定程度的明确性也是必要的，在我们愤怒时尤其难能可贵。

The Dance of Anger

…

第 5 章

愤怒的指引：

自我明确之路

几年前，我读到托马斯·戈登的《父母效能培训》，第一次想到要将愤怒转化为“自我发出的信号”。我还记得最初实施这一想法的情景：我站在厨房里洗碗，突然注意到我的儿子马修坐在餐桌旁，他当时才3岁，准备拿一把锋利的刀切苹果。我和儿子开始了以下这段对话：

我：“马修，快把刀放下，你会切到自己的！”

马修：“我才不会呢。”

我（生起气来）：“你怎么不会。”

马修（比我更生气）：“不会，我就是不会！”

我（大叫起来）：“你就是会！快把刀放下！”

马修：“不要！”

我们母子较起劲来，硝烟味越来越浓。这时，我想起之前读到的“自我发出的信号”。这种信号（比如，“你会切到自己的”）都能以一种不带指责的、“这是我的观点”的方式表达。于是，我话锋一转，改变了语气，不再生气：“马修，看到你拿着那把刀，我有些害怕。我担心你会伤到自己。”马修直勾勾地盯着我，愣了一会，淡定地说：“那是你自己的问题。”我回道：“你说得没错，确实是因为我没法克服自己这个问题，才会感到害怕。我现在就要拿走你的刀，这样问题就解决了。”我拿走了他的刀。

有意思的是，马修没有抵抗，很随意地放开了刀子，也没有像往常一样生气、吵闹，觉得自尊心很受伤害。拿走他的刀，是因为我担心他受伤害，是因为我觉得作为父母，很有必要在这种情况下保护孩子。我向他承认了我的问题——我害怕他出事，并处理了这个问题。后来，我才得知马修已经在蒙特梭利学前班上学会用刀切苹果一个多月了。当然，这个故事的重点是在于，我意识到要将“你会切到自己的”（难道我有预言的水晶球？）转变为“这是我的问题，我害怕……”

当然，做到每时每刻都冷静地“传达我的信息”不太可能。比如，我丈夫打碎了我从大学开始用的瓷杯时，我并不能做到冷静克制，说“亲爱的，你把我杯子打碎了，我很生气烦躁。你下次尽量注意点，我会因此安心一些”之类的话。我反而非常计较这个问题，骂了他一顿。不久之后，他道了歉，我们才和好如初。

在任何情况下冷静表达“我的信息”，这并非天生的品质。如果只是想让某人知道自己生气了，我们完全可以依照自己的风格表达，目的达到了就好。

但是，如果我们想要打破非同小可的关系模式，培养更强的自我感，并运用到所有关系中，那么，学会清晰地表述自我，以不带指责的方式表达愤怒非常重要。

有许多教人们将交流模式从“你如何如何……”转变为“我觉得……”的自助书籍和自信训练教程。如果我们以“我觉得我的话被当成了耳边风”来代替“你根本听不进去”，无疑会带来更大的有益互动的可能。玛吉改变与母亲关系的例子就是最好的说明。当然，改变交流方式也只是应对问题的一小步而已。

对于绝大多数女性而言，更关键的问题往往是，我们还没有明确的“自我”可供表达，也尚未做好准备，如何面对明确表达自我时出现的负面回应。

随处可见的是，当明确的“自我”会威胁到失去一份关系或重要的他人时，女性往往会避免明确自己。因此，我们通常没有将愤怒视为挑战，反思关系中的自己是怎样的，反而倾向于模糊原本也许清晰的“自我”。这种情况不仅发生在亲密关系中，在工作关系中也屡屡发生。卡伦无法坚持明确的自我，她的例子将会给那些可能在工作中陷入“傻白甜”角色的女性提个醒。

当愤怒化为泪水

卡伦在一家保险公司工作，卖人寿保险，是仅有的两名女员工之一，其他同事都是男性。她工作刚好一年时，老板评定她的工作表现为“非常满意”。但卡伦认为，她应该被评为“超级出色”，按照客观的评价标准，她的销售业绩是第一名。

卡伦很看重这项评定，因为只有被评上“超级出色”的员工，才有机会得到专项奖金，出席其他州的研讨会。卡伦独自抚养两个孩子，她的前夫提供的资助十分有限，她非常需要这笔奖金，同时也想获得继续学习的教育机会。

当卡伦在心理治疗小组分享她的故事时，泪水在眼睛里打转。“我很受伤，”卡伦说，“这不公平！”但大家问她打算怎么办时，她没太多反应：“不打算做什么。”按她的说法是：“不值得为此争论。”

“难道你不生气？”一个组员问她。“我干吗生气呢？”卡伦回答，“生气会怎样呢？只会让事情变得更糟。”卡伦无法直面愤怒，她很可能这么回答。

在其他成员的帮助下，卡伦终于意识到了自己的愤怒，她给自己打气，决定找老板谈一谈评定的事。一开始，他们交流得很顺利，卡伦清楚地向老板表明了自己应当得到更高评价的理由，老板似乎也很听了进去。但他很快就防御起来，不再认真考虑卡伦的提议。卡伦说完之后，他避开话锋，把卡伦的诉求放到一边，反而挑出了一些卡伦在工作中犯的小错误。虽然那些问题不是空穴来风，但都是些微不足道的小问题，而且客观上，与卡伦能否被评为“超级出色”无关。随后，他还补充说，办公室里“其他人”觉得卡伦“做事不够机灵”。

“这是什么意思？”卡伦问道。

“也许是性格问题吧，”他老板接着说，“但某些人对你的印象是，你对工作不够投入。”

说到这里，卡伦已是眼泪汪汪，她感觉到自己已经开始语无伦次了。“我不明白。”她小声说。她拼命克制自己，不想哭出来。她接着向老板诉苦，觉得这个评定根本不公平。她既要抚养两个孩子，又要胜任这份工作，为此她已竭尽全力。这时，泪水与“受伤”代替了卡伦原本的冷静和自信，他的老板转而由防御状态放松为家长的姿态。他安慰卡伦，说她在工作上还很有潜力，也很同情单亲妈妈的辛苦。卡伦向他说了些离婚之后的艰难的心路历程，而老板则表现得满腹同情……谈话就这样结束了。她再也没提评估的事，他老板当然也没提。卡伦走出办公室时，觉得很舒心，因为她没有和自己的老板对抗，而谈话是在很温馨的气氛中结束的。

卡伦在治疗组会上讲这一段经历时，下结论说："看吧，和他对峙没什么用。他根本不会听。不管怎么说，这次评估也没什么大不了的，其实真没那么重要。"

但其他组员并未轻易放过这件事。他们问了卡伦很多问题，迫使她面对自己没搞清楚的地方。

办公室里质疑卡伦没有认真工作的"其他人"是谁？谁跟老板说她不够"机灵"？

卡伦对此并不清楚。

"不够机灵"，具体是什么意思？

卡伦不太肯定："也许与我的性格有关……"

具体应该怎么做，才能评到"超级出色"？

卡伦也不清楚。

老板摆出防御的架势之后，卡伦不但没有重申立场，反而压抑自己，不再挑明问题。她没有问"是谁在办公室这么说我呢？"或是"具体点，我性格到底哪些方面有问题？"或是"我要怎样改进才能得到'超级出色'的评定呢？"由于老板的批评，卡伦的情绪反应有些无法控制，妨碍了她思考和表达这些问题。

觉得头昏脑涨、语无伦次、反应迟钝……女性在坚持自己的立场时，常常体验到这些感觉。我们学会了害怕生气、争辩，潜意识里，我们害怕这样做会显得与众不同，会使别人觉得不自在，会孤立自己。我们避免刨根问底，避免明确地表达自己。

"但是，我怕老板！"卡伦说。

这是借口。卡伦真正害怕的，是以明确而成熟的口吻，在老板面前坚定自己的立场，因为这有可能破坏他们的关系。她的眼泪，以及希望老板像知心朋友那样倾听、提意见的暗示，在某种程度上，都是想和他恢复到之前的关系的手段，也是在为自己最初的对立立场道歉。卡伦的眼泪同时也是一种武器，她在不自知地让老板觉得内疚（“你这么伤我的心”）——这是女人在无法直截了当地表达自己时惯用的伎俩。

“可是我已经不生气了啊。”卡伦为自己辩解，“这对我没什么了。”

卡伦当然还在生气，只是她意识不到而已。当我们屈服于不公，牺牲自己成全别人时，愤怒是必然的。

卡伦动摇了自己的立场，并否认了自己的愤怒，这是要付出代价的：她在工作时觉得很累，不再像以前那样干劲十足。评估结束两周后，她因为错放了一个重要的表格文件而受到严厉的批评。这种消极怠工的行为，也许是她正在无意识地扮演得不到“超级出色”评定的“不够格员工”这一角色。她没有坚持自己的立场，没有坚定信念，认定老板没有给她应得的评定。

下意识地否认愤怒

在工作中，你和别人对立过吗？还是忍气吞声，以眼泪、歉疚、困惑、自我批评收场？卡伦的行为哪怕不算非常普遍，但绝大多数女性都不会对这种境况感到陌生。我们如何理解这种屈服背后的深层原因呢：究竟为何否认自己愤怒了，为何要葬送无比珍贵的明确的自我？

◎害怕坏结果

卡伦和老板交涉时，无法明确坚守自己的立场，在其他的人际关系上，她也倾向于这种模式。她为自己烦人辩解只揭露了一小部分原因："我害怕。""和掌权的人共处时，我无法像平时一样思考问题。""我拿不准自己的想法和立场。"当她的想法没有得到赞同时，她会像戳破皮的气球那样泄气。泄气的背后，是她更深层的恐惧，害怕由于坚持自己是对的，她不得不承担接下来可能的坏结果：她可能会惹老板生气，老板会因此和她对着干。按卡伦的说法，他们会"吵起来"。

卡伦害怕这些设想变为现实，毕竟，她需要考虑很多现实因素。比如，她的工作处境可能会因此变得困难、不自在，她甚至有可能被炒鱿鱼。与老板争执的确会使他们的关系紧张起来，老板可能更不把她的话当回事。只是除了这一层现实的因素外，卡伦还有一种潜意识的深层恐惧，她觉得争吵会造成难以估量的破坏，而这种破坏性之大，基本属于她的想象。如果她真的怒气冲天，失去控制了，她真的会毁掉一切吗？好像卡伦觉得，一旦自己将怒火百分之百地发泄出来，整个办公楼都会起火。卡伦和大部分女性一样，不善于以有节制的、直接而有效的方式表达愤怒。

卡伦非常担心自己的愤怒会所向披靡，毁掉一切，也担心自己会伤及男人脆弱的自尊。这种想法根植于她的潜意识。"男人阳刚"和"女人阴柔"这样的观念，最基本的含义便是：女人是不会威胁到男人的好帮手，她们以自己的弱衬托他们的强，以免他们觉得软弱、不安。卡伦的问题在于，这种不理性的恐惧需要付出很多代价。她不仅避免争吵，还放弃坚持自己的想法，放弃要求得到合理的解释，放弃提出自己的需求。在她看来，这种种行为都会给别人带来无尽的伤害。

◎害怕分离

除了担心自己怒火喷发之外，卡伦还有更深一层的恐惧，掩藏在潜意识之中。她害怕一旦表明自己的愤怒，告诉老板自己的真实想法和感受，就要独自承受令人不安的分离与孤立。当一个人表现得与众不同，并鼓动身边的人这样时，常常会体会到这种不安。比如，当玛吉以更为成熟的口吻和母亲谈论养育孩子的问题时，她非常害怕与母亲“分离”，并深感焦虑；当桑德拉向拉里道歉，承认自己以前不该老是责备他，而应该为自己的幸福生活担起责任时，也隐隐感受到了类似的不安；如果芭芭拉不再和丈夫吵架，反而镇定自若，通知丈夫自己决定去参加“愤怒研讨会”，她也会有类似的感受。

在人际关系中，当我们变得更自主、不抱怨时，甚至我们仅仅是考虑准备这么做时，“分离焦虑”也会涌上心头。这种焦虑有时基于对现实情况的考虑，比如，如果我们坚守自己的底线（“抱歉，我不能按你说的做”），可能会丢掉朋友，甚至工作。更关键的是，分离焦虑往往是因为害怕自己无法适应分离以及孤立无援的处境，而之所以不适，是因为在早期家庭经验中，有一条被所有人默认的规则，即不要轻易表露情绪。女孩子往往对这种要求更敏感，也更擅长维护“我们”这种集体关系，而不是充分表露独立的“我”之个性。

尽管卡伦没有意识到自己的分离焦虑，但这种焦虑确实影响了她，使她动摇了最初的明确与坚定，转而试图以眼泪和受伤的心情挽救和老板破裂的关系。受伤的情绪可以方便老板扮演给予安慰的长者这一角色，从而恢复她和老板之间的关系。尽管这样做意味着卡伦背叛了自己，却会给她带来暂时的安全感。一直以来，卡伦惯于以哭诉、指责自己、搅乱自己的立场，以过早和解等方式恢复与他人的人际联结。而解决这一问题的核心在于，卡伦（和第四章的主人公玛吉一样）需要在她的原生家庭中不断练习明确自己的独立和自主。如果卡伦能与家人保持联结，同时逐渐提高明确自我的能力，那么她在工作中遭遇不公和愤怒时，也能以更有效的方式解决问题，而不会囹圄分离焦虑。

◎换种做法

如果卡伦有机会重新选择一次，要怎样化愤怒为有效行动呢？首先，她可以准备得更充分一些，更好地应对老板的防御和对抗。卡伦抛出问题后，老板通过借他人之口批评她工作做得不够好，偏离她关心的关键问题。卡伦不该控制或改变老板如何反应（这恐怕不太现实），也不该被老板的反应所控制。她完全可以坚持己见，听老板说完后再重申自己的要求。虽然这听上去有点像张老是重唱的破唱片，但并没什么不好。

如果卡伦在与老板交涉的过程中，感到害怕或是情绪激动，该怎么做？她可以暂停交涉，恢复镇定再说。她可以对老板说：“我需要一些时间重新整理思路。我们再定一个时间讨论这个问题吧。”

那要是老板拒绝重新评定怎么办呢？卡伦可以考虑采取下一步行动。她可以向第三方申请复核，也可以对老板说：“我不喜欢这个结果，但能接受。”她可以询问下一轮“超级出色”评定的具体要求。无论卡伦处理愤怒的能力有多强，都无法保证一定能改变老板的想法，或是确保自己有公正的待遇。她能做的只是表明自己的立场，确认自己的选择，为自己做出负责的决定。卡伦面对老板时，态度越冷静，想法越明确，老板才越有可能反观自己的评定，更加明确在将来类似的决策中要怎么做。一种可能是，卡伦想要维持老板是个“好人”这一印象，不愿撕破脸，从而潜意识地放弃把话挑明。

卡伦的经历告诉我们：由于害怕毁掉关系，害怕孤立无援，我们往往会流于混乱，避免明确自我，以愤怒为契机，为自己的利益出发，采取新的立场和行动。我们的问题往往不是害怕明确自己，而是缺乏明确的自我本身。情况往往是这样：很明显我们非常愤怒，但我们往往把注意力放在别人如何对待自己上面，而自己到底是怎么想的，反而不清楚。下面讲述一则我的亲身经历。

平底锅的故事

几年前，有一次我的姐姐苏珊来看我时，我和她一起逛梅西百货，我打算在那里买个平底不粘锅。我事先没有做功课，随手拿起一只我觉得还不错的锅，就准备去收银台结账。结果还没走出两步，就被我姐姐叫住，她说我买错锅了。苏珊听上去非常自信于自己的判断，她不仅给了我建议，还非常专业地向我详细说明我选的那只锅的涂层如何如何。我对这个涂层所知甚少，也不怎么在意。我的反应首先是，震惊于姐姐百科知识的广博。但接着听下去时，我变得越来越生气。谁征求她的意见了？她为什么老这么自以为是呢？搞得好像自己是全世界各领域的专家一样？有那么一刻，我甚至想拿手里的平底锅敲她的脑袋，当然我忍住了。我大步迈向收银台，表现得像个愤愤不平的叛逆小妹，付钱买下了自己选的那款平底锅。事实证明苏珊说得没错——那个平底锅质量确实很差，很快就不能用了。

一句老话说得好："我们所教的，正是我们最需要学习的。"我的朋友玛丽安妮·阿尔特·瑞琪，我们合伙开办愤怒工作坊，当我向她说起这件事时，我远未像旁观者那样明白自己是怎么回事。我为什么会那么生气？很简单：我姐姐这人很难相处！她总是固执己见，想做所有方面无所不知的专家，这让我很生气。我向玛丽安妮表达自己的愤怒时，所说的每一句话都是针对姐姐，没有一句是找自己的原因。

玛丽安妮听完我的抱怨后，平静地说："我想和你姐一起购物。苏珊知道的可真多啊，我恰好一直想了解各式各样的不粘厨具呢。"

玛丽安妮的话不假。换作她，有苏珊这样博学又有个性的姐姐，她可能会很开心，并欣然接受她的建议。其实，我看不惯的正是苏珊招人喜欢的那些特点，她凭此也赢得了父母的喜爱。这时，我意识到了在别人看来，本该早就意识到的问题——我倾向于指责他人的立场妨碍我理解自己为何对苏珊的建议反应过度。

苏珊的建议和专业知识为什么会使我恼怒？我哪里出了问题？我和苏珊的关系模式是怎样的，我在其中扮演怎样的角色？只有真正想明白了这些问题，我才能向苏珊坦诚，自己为何会那样，而不是暗示她的个性或者处世风格不对。

首先，在愤怒的激发下，我厘清了自己究竟需要什么，并向姐姐表明了自己的底线。如玛吉对母亲所做的那样，我向苏珊表明，只有在我征求她的建议时，才需要她的建议。我拒绝对我有所帮助的建议，这对苏珊来说有点难以接受，即使她能理解。苏珊自己总是欢迎别人提建议，哪怕是不请自来的建议。我向她表明了为什么不能接受她的建议，这和我作为妹妹的经历有关：

“苏珊，一直以来，我都以你为榜样，仰望你，把你当作一颗明星，觉得你可以帮我解决任何问题。我一直认为你无所不知、无所不能。我觉得自己总是低你一等，对于你教给我的，我不能给予同等的回报。其实，你的才能慑服了我，我因此变得更加无所作为了。”

“对于我而言，我们的关系非常重要，所以我在尽力把关系弄得均衡一些。如果我暂时脱离你的帮助和建议，应该会对我比较好。我知道这听上去很傻，有点没良心，毕竟你总是能给我很有用的建议。但目前而言，这样才是最好的。”

这其实是我在要求姐姐改变她的行为，但这并不是因为她提建议不好或过度，而是因为我对姐姐提建议的反应——我对此负全部责任。

在我们原来的关系模式中，苏珊是过度履职的一方，她很有能力，总能帮到我，而我是履职不足的一方，总是需要她的帮助。向苏珊表明我的两难处境（包括我嫉妒她是家里的明星），为打破原来的关系模式迈出了关键的一步。以往，苏珊在我们二人中展现出来的智慧与能力越多，我就越倾向于贬低自我，越发显得没头没脑。如今，当我想要为姐姐做些什么（而非老是接受她智慧的点拨）时，她也开始向我倾诉一些问题。我第一次感受到，她很重视我的建议。时间慢慢过去，我们的关系变得更加平衡了，我不再总是觉得自己处在跷跷板的低端。现在，无论是否主动征求，我都会很自然地重视她在各个方面给我的建议，包括不粘厨具。

从自己的愤怒情绪出发，更多地了解自我——做到这一点并不意味着要像我对苏珊那样，自我分析，并就某种反应给出长篇大论的心理分析。如果我不能意识到关系中根深蒂固的问题，那我会很简单地告诉她，我也不知道为什么，但真的不想听她的建议。这个故事要传达的核心是，愤怒引导我明确自己的需要，并据此向苏珊表明我的立场和意愿，而不是自作多情地指点苏珊该如何为人处世。

当愤怒引导我们加深对自己的了解，减少对别人自以为是的了解时，它能更好地帮助我们改变自己。

坚定立场

想要有效地利用愤怒，有时意味着我们需要放下——放下对别人的指责，不再埋怨是别人造成了我们的困扰，不能给我们带来幸福；放下固执的念头，不再以改变别人，告诉别人该怎么思考、感受和行动为己任。这样做并不是说，我们应该被动地接受或忍受任何行为。事实上，“相安无事”的态度可能会弱化自我，如果我们连什么能够接受、什么合乎心意都不能明确的话。问题的关键在于，如何明确自己的立场。

最近，一位名叫露丝的女性在向我咨询，她对丈夫忽视自己身体的行为感到非常愤怒。她的丈夫腿部患过病，之前接受了非常粗劣的治疗，现在又开始恶化了，但他并没有接着治疗的想法。露丝对此非常生气，她总是训导丈夫该为自己做些什么，并以自己的方式解读他的行为感受（“你这是自取灭亡”“你怠慢自己的身体，和你老爸一副德行”“你不敢面对自己的恐惧”）。她丈夫反而更加无视自己的问题（不奇怪，他的妻子已经代替他们二人表达了足够的忧虑），拒绝接受治疗的决定更加独断。在这支战况不断升级的圆圈舞中，露丝的“我知道怎么做对你最好”的口吻反而强化了丈夫坚持在这个问题上独立自主的想法，而这只会让露丝更频繁、更长篇大论地教训他：“你该如何做，你其实是怎么想的。”与众多妻子一样，露丝担当了替她丈夫做情绪反应这一角色，而丈夫则是个麻木的情绪白痴。

对于露丝来说，意识到应该由丈夫亲自体会各种感受，选择相应的风险，并承担相应的健康后果，是非常重要的一步。

这是她丈夫的事，不是她的。露丝如何应对自己的愤怒，这对她同样重要——愤怒之下，向自己，然后是她的丈夫，明确她不能忍受这一切，当作没什么事一样继续过下去了。

露丝改变了很多，她不再训斥丈夫，而是告诉他自己的感受。露丝 12 岁时，她的父亲死于退行性疾病。如今，她同样害怕会因此失去丈夫。露丝不再一味追求丈夫的“自我毁灭”和“怠慢身体”，而是恳请丈夫看医生，为了她的感受和需要。她解释说，自己实在担心极了，根本不能做到像什么事都没发生那样，照常生活下去。她既没有因为自己的感受责备丈夫，也没有向丈夫表明怎样做才好。露丝只是向丈夫表明了她遇到的问题，并请求他考虑到自己确实非常难受。最后，丈夫同意去看医生了，他同时非常确切地表明，这么做不是为了他自己，而是为了露丝。

当我们利用愤怒表明自己的观点时，我们的表达会变得更有力，因为没人能质疑“我”的想法和感受——也许会有人想这么做，但我们没必要给出一大堆理由为自己辩护，只需要说：“也许在你看来这样很没道理吧，但我就是这么想的。”当然，其他人不一定按照我们的意愿改变自己的行为方式。琼的故事就是一个很好的例子。

◎坚守底线

琼和卡尔已经同居一年了，在这期间，他们分别有自己玩得好的同性和异性。他们都认同一对一的恋情关系，但也不想因此失去和别人发展成密友的机会。这份双方都默认的契约一直生效，直到卡尔开始和他的研究助理约会。他的助理很年轻，而且正准备离婚。琼感到非常嫉妒、生气、受威胁。

在近一年的时间里，卡尔和他助理的关系成了他们无效争吵的焦点。琼总是追问卡尔和助理是否只限于精神友谊，而卡尔则怪琼生性多疑、占有欲过强。对于难分是非的边界问题，他们有过无数次争论：助理深夜打电话到家里来，和他谈论自己离婚的事，合适吗？卡尔只能和助理吃午餐吗，共进晚餐不能接受吗？琼怪卡尔三心二意，又回过头怪自己太小心眼，反反复复举棋不定，然而这并没能解决任何问题。随着时间的推移，她那经常复发的愤怒已成为一种明显的信号，表明她在这份关系中深感不安。

当琼不再抱怨卡尔的行为，并坦率地表明自己无法接受卡尔和助理的现状时，一切有了变化。她不再指责卡尔做得不对，甚至承认也许有的女人不会像她这样抱怨，反而会因为自己也可以出去找别的男人而感到欢喜。琼的问题只是，她所感到的嫉妒与愤怒超过自己所能忍受的。

当卡尔怪她反应过于“病态”，是典型的中产阶级做派时，她不再争辩或防御。她说：“我的感受就是这样。你和那个女人的关系让我很痛苦。我希望你们结束。也许 99% 的问题都出在我这里，但我就是受不了你们那样。我们两个可以继续，但我不能接受你们的关系继续。”就这样，琼坚定而得体地坚守了自己的底线。

琼明确了自己的感情问题，并因此迫使卡尔明确自己的感情取向——他的第一选择不是琼。卡尔不想结束和助理的关系。

琼经历了一段非常痛苦的时间后，告诉卡尔："如果你继续和你助理一起，我就不能再和你一起。"她这么说并不是为了威胁卡尔，更不是尝试恐吓他，而是在向他表明自己所经历的，以及自己所能接受的范围。卡尔没有回应她，还是像以前那样脚踩两只船，琼要求他搬出去。不久之后，卡尔彻底搬走了，搬去和他的助理同居了。

琼很难受，但她庆幸自己坚守了底线。虽然失去了卡尔，但她维护了自尊。琼这样做对吗？她只是做了自己认为对的事，但也许别人的做法会和她完全不一样，甚至根本不知道该怎么做。

当愤怒引导我们明确内心深处的需要、价值和优先选择时，如果发现自己对此非常不明确，不必难过。如果在一段重要的关系中，我们长时间感到苦闷、愤怒，那说明自我妥协过多，说明我们不确定自己应该如何改变自己的立场。意识到自己不够明确并不意味着软弱，反而可以成为改变的契机和动力。

女性同样需要明确"自我"，这不言而喻。"我是谁？""我想要什么？""什么是我应得的？"这些都是我们理应不断思考的问题。长久以来，我们一直被期待去接受，而非质疑，别人对于我们"本性"的定义、对我们"得体的位置""母性义务""女性角色"等的规定。我们被引导着思考别的问题："如何让别人高兴？""如何赢得爱和认同？""如何维持和谐关系？"当我们无法解答"自己是谁"，当否认自己的愤怒时，正因为愤怒意味自我的问题亟待解决时，所受的痛苦尤为深重。

因此，承认自我的不确定，并包容它，的确是振奋人心的壮举。通常，愤怒会驱使我们选择不经三思的立场，也不能帮我们得到身边人的建议和鼓励："早就该离开那个家伙！""告诉你老板，你不会接受这个任务。""不能任由他这样威胁你！""告诉她，如果她下次还这样，你就和她绝交。""就告诉他你不。"

慢慢来！当愤怒帮助我们意识到，自己在某些方面还不够明确，有必要进一步思考时，它能非常有效地促进成长。接下来，我们将看到一名女性应对愤怒的心路历程，一个从不断愤怒指责转变为有效率地直面自己困扰的故事。

第 6 章

两代人之间：凯蒂与她越来越老迈的父亲

凯蒂是一名家庭主妇，刚好50岁，最小的孩子刚刚离开家上大学。凯蒂的父亲是一名退休教师，今年72岁，他身体不太好，已经鳏居10年了。凯蒂之所以打电话到门宁各基金会找我，是因为她听说我是一名“处理愤怒的专家”。我们第一次电话交谈时，她描述了困扰她将近10年的愤怒源。

“我的父亲问题很大，”她的语气满是绝望，解释说，“他对我的要求多得不能再多了，尤其在他中风后视力下降，不能开车之后。他一给我打电话，就是要我带他去购物，或是去赴约。他叫我去他公寓帮忙做事，做完了又怪我做得不好。有很多事是他自己能做的，但他表现得像个大孩子似的。他有时会一天给我打两三个电话。当我拒绝他的某个要求时，他就不理我，搞得我很内疚。我真的不知道该怎么做了。”

我与凯蒂初次见面，让她向我说明情况时，我又听到了许多类似的事。

“你觉得问题出在哪里？”

凯蒂说：“问题在于，我父亲根本意识不到，我也有自己的生活。他总觉得我的世界应该绕着他转。自从母亲去世以后，他拿我填补母亲的空白。”

“对于这个问题，你具体向父亲说过些什么呢？”

凯蒂说：“爸爸你应该知道，我也是有自己的生活要过的。你对我的要求实在太多了。我希望我没有过来看你的时候，你别再老让我为难。你应该多出去会会朋友，不要总是一个人待着，完全依赖我。”

“你父亲有何反应？”

凯蒂说："他很不高兴，有一段时间不和我说话。有时候他又会向我抱怨自己身体不好，让我感到内疚，觉得自己不应该那么对他。"

"那你怎么做呢？"

凯蒂说："什么都不做，感觉做什么都没用。正是这样才来找您的。"

凯蒂描述的一切问题都是父亲的问题，这有些出乎意料，但同时也很典型：

"我父亲根本意识不到我也有自己的生活。"

"我父亲总觉得我的世界应该绕着他转。"

"我父亲利用我。"

"我父亲要求太多。"

"我父亲总设法让我感到内疚。"

"我父亲应该多出去会会朋友。"

凯蒂做的正是绝大多数人在生气时做的事——评判、责备、批评、说教、劝诫、命令、解读，进行心理分析。凯蒂说的话没有一句是针对她自己的。

在你继续往下读之前，不妨想想前几章中提到的案例。凯蒂与她父亲之间的问题一定程度上类似于玛吉和母亲之间的问题。在了解我对该问题的看法之前，你可以先想想自己如何看待他们父女之间的问题。

凯蒂父亲提出这些要求究竟对不对呢？这很难回答。有谁能说清楚，这位72岁高龄的孤独老人，对他成年的女儿提出多少要求才算合适呢？如果我们就此问题征求10个人的回答，很可能会得到10个完全不一样的答案。这往往取决于回答问题的人的年龄、宗教、民族、社会经济地位、在家的排行和家庭背景等。如果我是凯蒂，那很可能会抱怨父亲“要求太多”，但只是我个人的情况。相同处境下的另一个人，可能会因为自己如此被需要而感到开心。

父母究竟应该索取多少——如果要寻求这个问题的终极“真理”，我们不得不承认：即使面临相同的情况，每个人的想法、感受和应对方式也不尽相同。我之所以反复强调这一点，是因为当我们生气时，往往很难意识到这一点，并一以贯之：我们有各种相互冲突的需求和彼此不同的想法，不存在有一方一定“对”，另一方一定“错”。

凯蒂有权生气吗？她对父亲动怒合理吗？答案是肯定的。正如我之前所说，感到愤怒并没有所谓对错之分，也不存在合不合理。我们有感知一切的权利，而凯蒂的愤怒情绪本应得到她的重视和尊重。只是，凯蒂有权生气并不意味着她的父亲就该受指责。事实上，凯蒂既然长期不满于和父亲的关系，并一直为此愤怒，就应该重新认识自己在与父亲交流时所扮演的角色，以及如何改变自己的行为，以改变现有的互动模式。

凯蒂对父亲讲的话存在什么问题？作为主动发起谈话的一方，凯蒂丝毫不委婉，或讲究表达的策略。毕竟，很少有人能够在受到批评或被纠正错误时做到认真倾听。除非凯蒂的父亲是个无比开明的人，否则她的话反而会让父亲更为戒备，更别说被他听进去了。

其次，凯蒂对父亲的描述表明，她认为自己非常了解父亲的经历和个性。凯蒂认为父亲自私、神经质、要求过多，父亲在拿自己填补母亲走后留下的空白。这种理解也许是对的，但也许错了。对于父亲的所作所为，还存在无数种可能的解释。

当自己的压力很大时，我们往往倾向于将评判别人作为消遣。尽管它也许意味着提出某种真知灼见的尝试，但通常都透着指责他人与高人一等的架势。当我们评判别人时，往往自以为了解他们的所思、所感、所需，或他们应该如何思考、感受和行事。但实际上，我们无法确知。连搞懂自己的这些方面都很困难。

问题出在谁那里？“我父亲的问题很大，他对我要求太多。”——这是凯蒂和我通话时的开场白，从中我们可以得知，她坚信父亲是有问题的。可是，根据凯蒂的描述，我们发现她父亲不仅能明确表达自己的意愿，甚至还能满足自己的需求。

其实，问题在于凯蒂。她必须在自己和父亲之间设定一些限制，以免自己总是苦恼怨愤。在痛苦中挣扎尚未脱身的人是凯蒂，所以是凯蒂有问题。

但是说凯蒂有问题并不意味着评价她对了或错了，或是应该受到责备之类的。“谁有问题？”——这与是否有错或是否应当内疚无关。有问题的意思是指有人受到某种情况的困扰，或是不满于某种境况。

凯蒂的问题在哪里？在于她尚未明晰一些自我的关键问题：“我对自己的生活应负有怎样的责任？对父亲有怎样的责任？”“怎么做是真正自私？要忠实于自己的需求和优先级应该怎样做？”“给我父亲何种程度的照顾，才能让自己免于愤怒或不满呢?”只有她找到了这些问题的回答，才能以新的心境面对父亲。

凯蒂的问题不在于父亲“使”她感到内疚。事实上他人无法让你感到内疚，尽管也许他们有这样的动机。如果凯蒂想改变与父亲原有的关系，父亲会让她不好受，这是显而易见的。然而，凯蒂需要对自己的感受负全责，包括内疚。

当然，并没有一劳永逸的解决办法。如果凯蒂明确向父亲提出新的限制，你会如何看待?会觉得她太自私吗?还是欣慰于她终于能够明确自我了?谁也说不清。有多少人能自信满满地确定对某个人的责任始于何处，终于何方呢?女人从一出生就开始被教导:通过爱护他人定义自我。她们哪来的自信确知自己什么时候说“够了”呢?

“女人的工作是无穷无尽的。”这曾是凯蒂抚养孩子时的信念。如今，最小的孩子都已经离家了，而她却不得不继续照顾老迈的父亲。据我所知，凯蒂生命中的绝大部分时候都在“付出”，在她之前的母亲和外祖母也是如此。当她发现埋藏已久的自我有所主张，想要崭露头角时，她内心深感不安与内疚。凯蒂始终如一地委屈自己，成全他人的需求，虽然她的自我尚存，但早已背叛了她。她感到不被满足的自我的无限愤怒，却无法利用愤怒有所改变。

无论我们多么理解或同情凯蒂的处境，都不能解决她的问题。这并不是说凯蒂神经质、不理性或是做错了，也不是说是她一手造成了自己的困境。家庭和社会的规则和它们期望女人扮演的角色，常使女人难以摆脱他人的期望和意愿，独立定义自我。于是，当我们开始关注自己的生活品质和何去何从时，他人的消极回应必然能引发我们的焦虑和内疚。

但是，在所有重要的人际关系当中，如果不会利用愤怒明确自我，处理不时出现的各种情绪，那也别指望会有人替我们担负起这个责任。

◎变得明确

凯蒂来找我，是想处理和父亲之间的问题，她想对父亲“做些什么”，并希望我告诉她究竟要做些什么。而这件事的另一面，是凯蒂和众多女性一样，有太多人告诉她该怎样做了。比如，她的母亲曾教导她，无私、自我牺牲与服务他人是女人的天职；而如今，凯蒂的朋友劝她，有自己的主张才是解放自己的关键。“当你原本不想时，千万不要说行。”这是咨询师对她重复最多的话，以至于她开始相信，只要自己哪天有勇气说出这难以说出口的“不”，她的问题就迎刃而解了。

凯蒂真正需要做的是先暂时冷静下来，不要轻举妄动。在感到愤怒或紧张时，非做出决定不可或非要改变关系不可都是不明智的。此外，凯蒂并未充分考虑自己面对的情况，因为她总是忙于应对。

如果凯蒂不再指责或评判她的父亲，这将是个不错的开始。她也许能意识到，为了明确自己重视什么，评估自己的选择和优先级，她最好将父亲对自己的期望放得离自己远一点。凯蒂也应该明白，自己尚未明确这些问题是怎么回事，应该如何解决。承认自己的不确定性，本身就是一种进步。

接下来，凯蒂能做些什么？当我们对强加在身上的要求感到愤怒，又不知道如何改变自己的决策时，该怎么做？愤怒总在预示问题的存在，但它并不能提供现成的解决方案，甚至连线索都没有。愤怒只是一种情绪——它给了一个体验自我的窗口。同时，它提示我们放慢脚步，对自我的思考需要更加充分，毕竟，在愤怒的情绪下，我们往往难以保持清晰的思路。

由此看来，凯蒂应该做的并非“处理”自己的愤怒。尽管批评她的父亲，并鼓动身边的人也来批评他能宽慰她一时，或至少给她一种道德优越感，但若想长久地改变现状，凯蒂应该缓和自己的情绪反应，不断明确对自我的认知。怎么做呢？如果凯蒂依照下面的方法，她将会更加明确自己的选择与决定：首先，她可以和家人，包括父亲，表明自己遇到的问题；其次，她可以了解其他亲人，尤其是家族中的女人，如何处理不同代人之间的关系。

◎“爸爸，我有个问题”

凯蒂开始向父亲倾诉自己的问题时，那是一个无比焦虑的时刻，与玛吉找母亲谈话的状况类似。凯蒂冷静地表明了自己在某些情感问题上的立场，并使原来的父女关系有所转变。他们的对话大致如下。

“爸爸，我有个问题。我不知道如何权衡对你的责任和我对自己的责任。上周，我带你出去购物两次，还陪你去看了一次医生，我发现自己很有压力，还有些不舒服。因为我真的很想把其中的一些时间留给自己。但是，如果我拒绝带你去，埋头干自己的事，我又会内疚，会忍不住想知道你怎么样了。”

“好吧。既然我对于你来说是个这么大的负担，那我离你远点。”父亲冷冷地回应道，好像他身受重创。

凯蒂已经做好了准备，决心应对父亲的对抗行为。因此当父亲这么说时，她仍能坚定自己的立场，避开了他们典型的情绪激化地带。“不是这个意思，爸爸。”她回答说，“我不想丢下你不管，也不是说你是我的负担。事实上，我正在努力学习如何寻求别人的帮助呢。我的问题是，我想弄明白，怎么做自己会更舒服一些。我想知道自己能为你做多少，而在什么情况下我应该拒绝你，把自己放在第一位。”

“凯蒂，你这样让我很惊讶，”她父亲说，“你母亲以前就能够妥善照顾年迈的双亲，而且从未有过抱怨。你这样做真让她失望。”

“爸爸，我明白你的意思。”凯蒂不想陷入父亲的圈套——以母亲的角色定义自己，她继续以冷静的口吻表述自己的问题。“母亲能那么无怨无悔地照顾双亲，这的确让我非常感动。她从不觉得自己这样做不值得，从不觉得怨愤，她情愿付出的精神非常惊人。但我不是妈妈，我不一样，我不觉得自己能做到她那样。与妈妈相比，我自私一些。”

接着是一阵令人不知所措的沉默。终于，父亲说话了：“好吧，凯蒂。对于你的这个问题，我能做些什么呢？”他的语气明显带着讽刺与受伤的情绪。

一时，凯蒂又感到了以前的那种压力，她又想建议父亲多出去见见朋友，充分利用他尚可利用的资源。但凯蒂从以往的经验中意识到，这样说没什么用。

于是她继续讨论自己的问题：“我当然希望有人能替我解决问题，并为我做好决定。但我知道，这都是我自己的事。”凯蒂变得非常贴心。“爸爸，我希望在我努力搞清楚这些问题时，你能和我分享一些你的经验，这会对我有所帮助。你曾遇到过类似的事情吗？比如母亲生病不能照看自己时，你的体会是怎样的？是谁决定送她去疗养院的？你对此怎么看？”

通过直接询问家庭问题（在此，是“谁来照顾年迈的父母”），而非愤愤地表达自己的观点，凯蒂以一种让人容易接受的方式，把这个问题摆上了桌面。这样一来，那些未经提及的情感问题附带的焦虑不安，也一并减少了。凯蒂能够更加客观地思考自己的解决方案。此外，凯蒂开始询问父亲与年迈的父母相处的经历。在遇到一些问题时，向其他家人学习应对自己类似问题的经验，从上代人流传下来的经验，是防止反应过激，明确自我的最好方式。其实，凯蒂在与父亲发起这场可靠的谈话之前，应该事先多了解她家族的看护传统。

了解家族传统

在凯蒂枝繁叶茂的大家族中，有哪些女性曾被类似的问题难倒过，她们又是如何解决这个问题的呢？凯蒂家族中的其他女性（她的姐妹、姨婶舅妈、祖母）如何权衡自己对他人的和对自己的责任呢？她们处理得有多出色？凯蒂的母亲是如何独自承担照顾双亲的重任的呢？母亲的兄弟姐妹如何看待这样的安排？他们觉得合适吗？对于谁来照顾无法自理的家人，前几代人是如何决策的？

我们绝不会是家族中最先遇到某个问题的人，尽管有时候错觉如此。我们都会集成过去未能解决的问题；难倒我们的问题，往往也曾难倒前几代人。如果我们不了解自己的家庭历史，可能会多走些弯路；重复过去的模式或盲目挣扎；不明白自己究竟是怎样的，与其他家人有哪些相似与不同之处，如何做才能最好地生活。

想有效地利用愤怒，首要的前提是明确“自我”。女性在实现自我的过程中往往会遭遇重重阻碍。然而，我们不能指望脱离整个家族来达成对自我的充分认识。如果我们切断了家族这一源泉，那再好的自助书籍和心理治疗师也无法帮我们完成这项任务。我们大多数人对家人，尤其是对母亲，有着强烈的情绪反应。可奇怪的是，我们往往不同她们深入交谈，并收集她们的经验。究竟是什么塑造了父母的生活形态，我们可能全然不知，就如我们不清楚父母如何影响我们的生活一般。对于类似的问题，我们不了解母亲、祖母是如何处理的。我们如果不了解这些家庭历史，往往也无法完全理解自己。没有根植于家庭历史的明确的自我，我们往往容易在各种情况下出离愤怒，并责备他人、放逐自己、被动妥协，或自顾自地生活。

因此，凯蒂有一些“家庭工作”需要完成。她联系了家族各方面的代表人物，尤其是女性，并征集她们处理类似问题的一手经验。从健在的家人那里，她得到了很多关于已故家人的信息，包括她的母亲。这样一来，她能在更宏大的背景下，看待自己与父亲的关系。

凯蒂发现家里的女性通常会陷入两个相反的极端局面：那些以她母亲为代表的人，为了照顾年迈的父母或祖父母，会做出巨大的牺牲；那些以母亲的妹妹——佩吉姨妈为代表的人，在年迈的家人无法自理时，会把头埋进沙子里。在这些不同的阵营中，两派之间常常互相争吵。比如，在凯蒂外祖母去世之后，凯蒂母亲有好几年都没和佩吉说话，她觉得佩吉没有进到赡养的义务。而在佩吉眼里，凯蒂母亲在她们母亲的赡养问题上过于独断，并且做了很不明智的决定。在前几代人中，照顾年迈的父母曾是一个大难题。估计凯蒂在寻找一个舒适的平衡点，既能享受自己的生活，又能照顾父亲，在这一过程中，也会遇到不少难题。

凯蒂在和家人交谈，了解了他们的经历之后，能更冷静地应对自己的处境了。她开始思考和父亲相处的其他可能，而要是在以前，她绝对不会相信还有别的法子。当然，这种问题没有一个简单的标准答案，任何应对办法都会伴随一定的痛苦。对于自己的困境，凯蒂的结论是："不论我治疗多久，任何时候，只要拒绝父亲的要求，我还是会感到内疚；但如果继续唯唯诺诺，我会很气愤。所以，既然我决心有所改变，就得暂时背负一些内疚。"凯蒂确实是这样做的：她还是会感到内疚，但这并没有想象中的那么可怕，而且最后慢慢消退了。

凯蒂和父亲关系上的变化，外人也许觉得微不足道。比如，她决定每周和父亲一起吃两顿饭，而不再是三顿；她告诉父亲，以后每周六载他去购物，不会随叫随到。这些细小的变化，她坚持下来之后，生活有了大不同。而父亲也相应地有了转变：他和隔壁的老太太成了好朋友，每天都会聊上几个小时。对此凯蒂既感到欣慰，也有些烦躁。她突然发现，自己此前对父亲投入了过多的精力，这组成了她基本的生活内容，也让她无暇思考该如何处理与同辈人疏远的问题。她也发现自己总是乐于帮助别人，而不善于寻求帮助。

从这个事例中，凯蒂究竟决定怎样对待父亲、做什么或是不做什么，是次要的。她的做法不一定适用于我们。重要的是，通过发掘家族的经验，她与自己的根系有了更深刻的联系，自我也变得更加明确、更加独立。如今的她不再一味承受愤怒情绪的负面影响，愤怒反而像跳板一样，促使她思考自己的处境。同时，我们也初步认识到，“哪些是我的责任”和“哪些不是我的责任”——要想清楚这些问题，真不简单。

The Dance of Anger

…

第 7 章

每个人应承担怎样的责任：

最棘手的愤怒之源

有一年春天，我去纽约参加一个会议时，两名同事和我一起坐公交车前往大都会博物馆。我对纽约已经感到有些陌生了，而我的两个伙伴，西莉亚和珍妮特，更像是来到异域的外邦人。大概是在“大城市”当中容易焦虑，我们反复提醒司机到站了记得告诉我们。突然，他暴跳如雷，很刻薄地责骂我们。车厢拥挤不堪，所有人都把头转向我们，我们非常震惊，但只得沉默地立在那里。

后来，我们在喝咖啡时，聊起对这件事的感受。西莉亚有些难过，这让她想起了她那喜欢施暴的前夫，而这一周恰好是离婚的周年纪念周。珍妮特本来非常气愤，但她通过想象自己毫不客气地回敬那个司机，以及各种嚣张的报复手段，发泄了自己的情绪。我则是怀念。我一直惦记着纽约，中西部的礼貌是我所熟知的，而纽约呈现出来的这种反差也是我所喜欢的。这些发生在纽约的特别“事件”，我正好可以带回堪萨斯的托皮卡呢。

如果我们大致回想事情的经过，当然会一致同意那个公车司机实在令人咋舌。但他应该对我们三个人的感受负责吗？是他使西莉亚难过，珍妮特气愤吗？是他使我怀念过去吗？如果我们中有人因为受不了这个司机的粗暴，当晚跳下了布鲁克林大桥，他应该对这个事故负责吗？或者，从另一个角度看，是我们惹得他突然暴怒吗？我们应该负责吗？

在人际关系中，我们倾向于以单纯的因果关系联系事物——我们生气，是因为有人使我们生气；或者反过来，我们引得别人生气，就该受到指责；或者再换个角度，如果确信自己没有做错什么，我们也会觉得别人没必要生气。一个人越是在原生家庭中与其他成员关系密切（即互相融合的力量非常强大，以致有在集体中迷失个体性的风险），越容易因为别人的感受和反应追究自己，越容易因为自己的感受和反应指责他人。（“你总是让妈妈心怀愧疚。”“你真让老爸头疼。”“都是因为她，她丈夫才酗酒。”）一致的逻辑，人们经常会因为自己引发了家人的某种想法、感受或行为而倍感需要负某种责任。

然而，真正的人际关系并非如此，也不可能以这种方式得以发展。当我们能够表达自己的感受，而不认为别人应当对我们的感受负责；当别人对我们做出某种回应时，我们也不会因此责备自己——这时，我们才能摆平愤怒，有所进取。我们应担当的是自己的行为，而不是他人的反应；同理，他人也没必要对我们的反应负责。在这一点上，女人的逻辑通常是反过来的：我们把注意力放在别人的所想、所感、所为上，同时认为别人应当为我们的感受负责。在这种情况下，即使不能说毫无希望，旧有的关系模式改变起来也确实很难。

我们可以通过回顾凯蒂和她父亲的问题，了解到这一点。凯蒂一开始抱怨父亲要求过多，而且还时不时地让她心存愧疚。如果凯蒂坚信是父亲单方面令她气愤、内疚，那她很容易钻牛角尖。如果她认为父亲如果觉得不满，或有其他的反应，都是自己的错，那就苦海无边了。怎么回事呢？如果是这样，一旦凯蒂发起改变，她会觉得自己应该为父亲的感受负责，那么为了防止父亲（包括自己）感到不适，保持关系的一贯性，她很可能会中止改变，回到原来的互动模式。（“当我拒绝他时，他非常气愤，非常抓狂，我不知道自己还能做什么。”）在这种情况下，人们绝望地放弃改变。

女人通常很难弄清楚“谁对什么负责”，为什么呢？因为人们并不支持女人担当自己的问题，自己做决定，为自己的生活品质和人生方向负责。由于女人往往被教导，放弃对自己的责任，因此很容易指责别人无法填补我们的空缺或是给我们带来幸福——切记，这其实并非别人的义务。更要命的是，我们同时还会觉得自己应该对身边的一切负责：面对他人的问题与痛苦，我们倾向于自责，很容易套上愧疚的枷锁。在这个过程中，我们还形成了一种信念：只要自己想办法，就能避免问题。其实，内疚自责是女人的一种“通病”。有个同事向我讲了自己在滑雪时遭遇的事：她当时正停在坡上欣赏雪景，突然，另一个滑雪者从她身边划过去，不小心把她撞倒了。很明显，他没有注意到她，但在他继续往前时，我的同事趴在地上，条件反射似的对着他的背影大喊“对不起”。

在这一章中，我们将了解到，混淆自己和他人的责任如何引发无效的自责，以及指责他人，如何成为阻碍我们前进的绊脚石。怎样学会尽量担当自己的责任，同时不纠结于他人的想法、感受或所作所为呢？我相信通过阅读前面的内容，你已经有些明确了。接下来，我们将继续探索这个令人困惑的问题，看看它究竟包含哪些因素。值得注意的是，对自己负责不仅仅意味着明确“自我”，同时也需要观察并调整我们在某些关系模式中所扮演的难以跳脱的角色。本章，我们将近距离观察过度履职—履职不足这一关系模式。

午夜危机

简和史蒂芬妮已经一起居住 8 年了。她们养了一只德国牧羊犬，这只狗在家里备受宠爱。在一个午夜，这只牧羊犬把她们叫醒了，它看上去病得厉害。史蒂芬妮觉得病情很严重，应该马上打电话给兽医，但简不同意，她想等到早上再说。她指责史蒂芬妮总是担心过度，反应过激。

第二天早上，她们醒来后发现，爱犬的病情明显恶化了。兽医检查了一番之后说："你们当时就应该给我打电话。它可能会死掉。"史蒂芬妮很生简的气，她说："如果有什么不测的话，都是你的错！"

你如何看待这件事？

如果你是史蒂芬妮，会怎么做呢？

对于史蒂芬妮的愤怒，你觉得她们二人各自应承担什么责任？

虽然，我们很同情史蒂芬妮的负面情绪，但说实话，她真的没明白她们应该如何分担责任。以下是更具体的分析。

简决定早上再看医生，并照做了，她应该对自己的决定负责。是她觉得没必要让狗狗立即接受治疗，才没有打电话给医生。同样，史蒂芬妮也应该对自己的想法与做法负责。她的确担心狗狗的病情，觉得有立即接受治疗的必要，但她最后还是没有给兽医打电话。

我并不是说，史蒂芬妮不该生简的气。她很气愤，这只是事实。她可能是因为简当初减轻了她的担忧，否认了她对情况的感知，或是表现得无所不知而觉得愤怒。但是，史蒂芬妮最后决定怎么做，是她自己的事，不应该由简负责。

“但你根本不了解简！”

“我之所以没打电话，”史蒂芬妮随后解释说，“是因为万一我判断错了，简会说个没完没了。如果我在午夜吵醒兽医，最后却没什么问题，简会周复一周地数落我，而且又给了她一个说我神经过敏的理由。我爱简，但你不知道她有多难搞定！她对自己总是非常自信，以致我经常质疑自己的想法。”史蒂芬妮继续指责简以这种方式影响她的行为。

如果史蒂芬妮也坚持自己的主张，简确实很可能反应过激——毕竟以往做决定时，总是由简主宰。但是，如果史蒂芬妮在坚持自己立场的情况下，既不疏远简，也不过激反应，那么经过一段时间，简也能够更好地应对史蒂芬妮的自主。

要将愤怒转化为明确的个人责任感，使关系变得更合理，我们应该采取哪些步骤呢？史蒂芬妮也许可以采取如下几步：观察，确认互动方式，收集信息。

◎观察

你可以想象，如果自己处在史蒂芬妮的位置，你感到气愤，不仅仅因为宠物这件事，也因为这件事所暴露出来的关系模式，接下来会怎么做？

为了明确每个人究竟应该负有何种责任，首要的任务是仔细观察，观察那些令我们生气或情绪激动的互动过程。

例如，史蒂芬妮可能发现，每当她们面临决策时，通常情况是这样：

每当需要做决定的时刻（在此是宠物狗生病），史蒂芬妮的第一反应是试探性地表达自己的看法。而简的做法是无比自信地传达自己的观点。两人的想法可能并不一致。接下来，史蒂芬妮会质疑自己刚刚提出的看法，或觉得即使不一样也“没必要争论”。左右两种情况下，她都选择顺从简。一般情况下，这种模式很适合她们，一切风平浪静。可是一旦面临更大的压力和担忧（比如宠物狗病重），而简的决定没能达到史蒂芬妮预期的效果，对简的愤怒就会随之而起。到那一步，要么史蒂芬妮会疏远简，要么会责备她做了错误的决定。而如果她选择后者，她们难免要吵起来。不过一天之后，往往一切又恢复平静。

◎明确互动模式

虽然史蒂芬妮对我的分析不一定完全认同，但她可能也开始意识到她们在做决定时，过度履职—履职不足的互动方式。简越是强势（跳起来为她们做出决定，没有任何对自己决策的疑虑和担忧，看起来好像不需要史蒂芬妮提供任何帮助和建议），史蒂芬妮越显得弱势（选择当前，无动于衷或置身事外；依赖简的决策；懒得动脑筋做决定，或没有能力决策大事）。她们一方的特点强化着另一方对应的特点，从而陷入恶性循环。

哪怕是在生活风平浪静之时，要收集客观的信息，了解每个人做了哪些事，何时做的，以什么顺序做的，也是非常困难的事。更别说当我们卷入过激的情绪和指责当中时，那肯定会无所作为。我们已经了解到，女人如何在人际关系中变成名副其实的情绪反应的一方，特别是在压力大的情况下。因此，我们需要做出努力，减少情绪反应，务必获得互动过程中的真实情况。

◎收集信息

此外，如果史蒂芬妮收集自己家族中，与她和简关系模式类似的经验信息，她将会有所收获。比如，史蒂芬妮的父母以及父母的父母是如何做决定的？在史蒂芬妮不断壮大的家族中，哪些人的关系中双方实力均衡，而哪些婚姻中存在一方过于强势，主导一切？关于如何分享决定权的问题，史蒂芬妮与简的互动方式同她父母之间的又有哪些类似和不同之处？史蒂芬妮家族中的其他女性为摆脱弱势地位做过哪些努力，结果如何？正如我们在凯蒂的故事中发现的，我们目前关系中的难点和痛点很有可能根植于之前的家庭背景，相当于家庭的隐形遗产。在人际关系中，当我们尝试评价自己的所作所为时，了解这份遗产可以使我们更客观。

出生顺序是影响我们处理人际关系的另一个因素。比如，在史蒂芬妮和简的关系中，她们做决策的模式与各自在家庭中的排行有关。简是两姐妹中的姐姐。在兄弟姐妹中，有一个很自然地领导其他人的人，这是很典型的情况。其他兄弟姐妹通常相信，领头的那一位不仅知道自己怎么做最好，也知道怎样做对他们最好。史蒂芬妮是她家两姐妹中的妹妹，这个位置上的人常习惯让别人照顾自己。尽管她也会与“领头的姐姐”奋力竞争，但她会避开担当领导者这一角色。了解人们在家庭的排行对了解他们的生活方式很有帮助。如果史蒂芬妮意识到独自掌管事情总是难倒她，而简发现自己不在掌控之位时也很难受，她们可能会以更轻松有趣的方式处理做决定的问题。如果他们能意识到，压力之下，自己的行为方式很像兄弟姐妹排行中相应的角色，也许会少一些自责，多一分理解。

所以，到底谁出了问题

假如史蒂芬妮在爱犬事件之后，采取了以下行动。首先，她不再指责（“如果出了什么事，都是你的错。”），不再一味回应，而是思考问题本身。其次，她清楚地区别了两个人分别做了些什么事，何时做的，以什么顺序做的：面临压力时，史蒂芬妮履职不足，简过度履职。最后，她得出结论：自己处在弱化自我的位置上，她的愤怒是在提醒自己，以后做决定时，她和简的关系应该更平衡一些才对。

下面的对话反映了两种基于愤怒的反应方式，第一种认为简有问题，有必要解决问题；第二种认为史蒂芬妮有问题，她应该自己解决问题。

◎对话 1

“简，你对自己的信心过于膨胀。我根本没法和你理论，因为你总是对的，而且你从来不会听取我的意见。你太强势了，别人根本没法和你争辩。我很烦你这种自以为是的样子。当我表明自己的想法时，你总是在一边评判对错，搞得自己跟上帝一样。都是因为你这个样子，搞得我对自己的想法没了信心。

你总是按你的方式接管一切，掌控一切。”

◎对话 2

“简，我一直在想，在我们的关系中，我有什么问题。我发现是这样的：我很难掌管事情，并做出决定。我那天之所以没给兽医打电话，是因为你说你的想法时显得非常自信，所以我开始怀疑自己的想法。当你批评我担心过度时，我更是退缩了。我发现自己经常会这样。以后，我想要尽力自己做决定，并坚持自己的决定。犯错是肯定的，而且这样可能会让我们的关系暂时变得更紧张。但我确实对目前的情况很不满，我不想这样下去，而且，我发现家里的其他女性也不太擅长自己做决定——这也许意味着我是做出改变的第一人，这会比较艰难。”

对话 1 如何？在一些关系中，斗争到底，通过强硬的对峙达成某种决定，回过头看，反而会被双方认为是很有意思、很宝贵的经历。简在回应对话 1 时，很可能思绪万千。她可能会说：“其他人也这么说过我，我觉得你说的有道理，我为以前的强势向你道歉，以后会尽量注意。”

可惜的是，如果史蒂芬妮这么说，说明她没有搞清楚一些个人责任。你知道问题出在哪里吗？她认为简应该对自己的行为（否定史蒂芬妮）负责，这当然没错。但她还认为简应该对史蒂芬妮的行为（不自信、受人摆布、没有主见）负责，那就有问题了。在亲密关系中，这种指责会模糊自我与他人的分界。

那对话 2 如何呢？史蒂芬妮向简表达了自己的感受，同时没有摆出一副她对简无所不知的架势。她讲述了自己在这段关系中的困境，并担负了自己在这种互动中的责任。对话 1 有可能使双方关系的火药升级，而对话 2 则可能使情况更加冷静，有利于两位当事人以更客观的方式看待问题。

哪种谈话更像你的风格呢？就我个人而言，这要取决于具体的关系。比如，对我的丈夫史蒂夫，我有时就会采取对话 1 的方式排解压力，但随着年龄的增大，我们吵架的次数和强度都减少了。而与工作上的伙伴、不太亲密的亲友，采取对话 2 的方式可能更得心应手一些，这样做一般会让关系变好。究竟采取哪一种方式，取决于当时的情况、自己的目的，以及长远来讲，哪种做法让自己感觉更好。

当然，最重要的不是史蒂芬妮对简说了什么，而是做了什么。下次遇到类似的情况，史蒂芬妮也许会认真考虑简的意见，但同时承担自己的责任，决定做什么或不做什么，怎样做才合理。如果史蒂芬妮不纠正自己的弱势立场，那么不论是对话 1，还是对话 2，对她都不会有太多用处。

在认识关系互动模式的过程中，我们始终面临一种奇特的矛盾。一方面，我们是在学习如何对自己的所感、所想、所为负责，并意识到他人也应该同样对自己负责。但与此同时，我们如何反应会影响他人如何回应我们。我们是可以影响关系模式的。在某种不断循环的模式中，如果一方有所担当，改变自己在这个循环中的角色，整个循环也会随之变化。

承担这份责任并不意味着我们被摆在自责和自嘲的位置上。通过观察，改变自己的行为是一种自爱的表现，但自我谴责不是。相反，它会弱化，而非增强我们洞察关系模式的能力。当我们为了维护人际关系，无意识地抬高别人，贬低自己时，往往会借助自我谴责。

然而，如果我们有勇气对别人说："我发现在这份关系中，我就是这么行事的，我想尽力改变。"这是自尊与勇敢的体现。承担这份责任并不是将他人排斥在关系之外，相反，它会帮助我们在"独立的个体性"的基础上，敢于同别人不一样，敢于对他人表明，自己能够独当一面，定义自我和人生。这同样能激发别人类似的行为。

谁在做家务

丽萨和丈夫里奇因为做家务的事吵过无数次架。然后，丽萨决定不再争吵，她需要明确自己的问题。她特地在一个与丈夫相处得相当平和、相对亲密的时刻，对丈夫说："里奇，所有的家务都是我做，我很不满意，我很气愤。我承担了超过一半的做饭与保洁工作，我觉得自己的任务超负荷了，而且，我确实觉得很累。我觉得最大的问题是我在家务上花的时间太多了。我需要一些办法保留精力，也需要给自己留更多的时间。"随后，丽萨表明，为了帮她解决这个问题，她希望里奇做些什么。

丽萨没有批评丈夫做得不好，也没有教训他如何做个好男人；她只是向丈夫表达了自己的烦恼。当里奇回道，"我认识的其他女人好像没这个问题"时，丽萨淡然地说："我不是其他女人，我是我。"

几个月过去了，里奇除了倒倒垃圾，收拾一下院子之外，还是什么都不做，丽萨很生气。但在我和她交谈之后，我发现她并没有改变自己的行为。她还是照常邀请里奇的同事来家里吃饭，帮他洗衣服、做饭、洗碗，甚至整理书房。丽萨曾说："这样做我真的很累，也很生气。我要怎么做呢？"但她行为上还是老样子。她没有担起解决问题的责任。

但为什么需要担当的是她呢？难道不应该是里奇改变吗？把事情做得漂亮一点，体贴老婆，不是里奇应该做的吗？难道在这份关系中，总是由丽萨发起改变，所以没有里奇的事了？

我们当然会这么想，但这并不重要。里奇对现状很满意，也没有兴趣做出让步和改变。如果丽萨不行动起来解决她的问题，绝对不会有人跳出来帮忙，哪怕她丈夫也不会。

终于有一天，丽萨再也受不了了。她开始照自己所说的行动。她先是制订了一份计划，列出了她需要逐一完成的任务（比如，卧室和厨房的整洁对于她来说很重要，她不会让这两个地方卫生变差）；她接着列出了一张自己不会再做的家务清单，她希望里奇能完成这些。他如果不做，那就由它们去。随后，她把这些计划告诉了里奇，并开始付诸行动。

接下来的两个月里，里奇比以前更懒了。他在试探丽萨，而丽萨则坚守自己的立场。丽萨继续完成大部分家务，因为整洁的房间对于她来说比以往更加重要。不过，她也找到了节省时间和精力的办法。每周有三个晚上，她会为自己和孩子们做三明治当晚餐，里奇回家后需要自备晚餐。如果里奇邀请朋友或同事来家里吃饭，她不会主动购物或者下厨，但乐意帮里奇打打下手。丽萨用心判断自己究竟想在哪些事情上花费时间和精力，哪些方面节省时间和精力。

丽萨这么做并不是要和里奇作对，她是为了自己。如果说她在“罢工”，或是强行改变或报复里奇，那么夫妻关系很可能因此恶化。

再者，当里奇主动改变一些时，也会引起丽萨相应的对抗行为。还记得吗？“请改变”和“变回去”——我们往往同时向对方传递这两种信息。当里奇主动做家务时，丽萨会在一旁提建议，或是批评里奇做得不够好。在要求对方做更多的家务（或是多带带孩子）时，“按我那样做”或是“按我告诉你的那样做”实际是在阻止对方做得更多。如果丽萨真心想让里奇承担更多的家务活（这意味着她放弃这一领域的某些控制权），她必须准备好让里奇按自己的方式来。如果她希望里奇在某方面不再履职不足，那她自己绝对不能过度履职。里奇收拾的家可能永远达不到丽萨的标准，她的要求也可能与里奇的标准不尽相同。但如果丽萨能够放任里奇尝试，并真正做到退至一边（除了他向她征求建议或反馈的时候），一段时间之后，他会把家务做得更好。

在里奇开始有所转变时，丽萨还会遇到另一个问题：她不仅希望里奇做更多的家务，也希望里奇是心甘情愿的。“他昨晚洗碗了，”她哀叹道，“但洗完碗之后整个晚上都一直都闷闷不乐，这样做得不偿失啊。”我们又看到了丽萨对里奇改变的不适。不开心是里奇的问题，消除这些情绪的工作不应该由丽萨来做。尽管，还没有听说过这种闷闷不乐能使人毙命，但作为世界上情感接济的使者，女人看到其他人在一旁心情不好，却只能待在一旁干着急，看着他们自己慢慢消解这些坏情绪，这确实有些困难。如果丽萨能做到和里奇保持亲近，少去批评他，给他更多的自由空间，让他自己慢慢应对自己的烦闷，那么总有一天，里奇会好起来。当丽萨说“这样得不偿失”时，这就是丽萨自己的问题了，说明她在想要改变长期的互动模式时，内心有些纠结，甚至动摇。

长期以来，在做家务的事情上，女人都是不容置疑的权威代表。那为何对于丽萨而言，让渡在这一领域的控制权并不困难呢？要知道，丽萨做家务时，可以和她的母亲、外祖母甚至所有先辈的女性联系在一起，家务是她承接的一部分遗产和传统，更不用说家务本身很有价值，非常重要——尽管对它的认可少之又少。但毕竟，家务活很是烦琐，如果有人愿意分担，生活会过得容易一些。可以理解，丽萨对做家务有很复杂的感受。而在其他方面，与里奇相比，她很少能具备大量专业的知识和技能。

最后一个问题是：既然丽萨决心改变现状，何不干脆痛痛快快地把一切摊开，大吵一架呢？难倒丽萨不能借助自己的音量让里奇明白，自己是认真的吗？如果吵上一架确实能让丽萨好受一些，能让丽萨更加确认自己不会再回到以前的状态，那吵一吵也没什么问题。只是，吵没吵不重要，吵的时候谁嗓门大或谁比较平心静气也不重要，重要的是我们是否更加坚信：为自己着想，不能再那么过度履职了（对于丽萨而言是在家务方面）。

情绪上过度履职：主要是“女人的杰作”

此前，我们介绍过一些女人特有的自我弱化和履职不足之处——我们确实更容易履职不足。因此，当我们某些方面过度履职时，很可能带着报复的快意，过度表现，同时埋怨个不停，就像丽萨做家务那样。除了做家务之外，我们还可能在哪些方面过度履职呢？

在人际关系上，女人将自己定位为“救助者”或“修复者”之类的角色，因此很容易过度履职。我们表现得好像自己有责任帮忙解决别人的问题，甚至还自以为有这样的能力。我们会对别人的得意或失意做出反应：情绪或是烦恼、暴怒以及绝望。当意识到自己力不从心，帮不上忙时，我们会停下来做点别的吗？当然没有！正如桑德拉和拉里二人的关系所示，我们会加倍徒劳，并对那个不为所动的履职不足一方气愤不已。

与他人保持一定距离，保证他们有足够的空间消解自己的苦乐，解决自己的问题，要做到这样可真不容易。如何平衡独立与共处——男人往往也难以拿捏好这个度。但他们往往会通过疏远对方缓解焦虑（相当于牺牲“我们”，保全“我”），而女人往往会通过与对方紧密联结，通过过度发挥情绪缓解焦虑（相当于牺牲“我”，保全“我们”）。不幸的是，这两种失衡的状态分别组成了男女性别角色的一部分，大家都习以为常。社会低估了亲密关系对男人的重要性，促使他们在情感上的疏离；而女性则相反，社会鼓励女性将注意投入到别人的问题上，不期望我们担忧自己的问题。当我们不能把主要的情感资源放在自己的问题上时，我们会把别人的问题看作自己的。

替别人承担责任有哪些问题呢？在某些方面并没有问题。一直以来，女性由于呵护、帮扶、照顾、安抚别人而备受赞许。

诚然，与他人建立联结，关爱同胞，为年轻一代的成长尽心尽力，这对男女两性都是最高的美德。但是，当我们对别人的问题过度反应时，我们是在对不该由自己负责的事负责，是在试图控制自己根本无法控制的事，这样做会出问题。当我们相对其他人过度履职时，往往会对其他人感到愤怒，这不会促进任何人的成长。

在分析完罗伊丝和她弟弟的故事之后，过度履职的概念可能会变得更清晰。在你阅读时，应当明白，这种关系并非针对这两个人，也许下一次会是罗伊丝和她的儿子、祖父、婆婆、员工或朋友。

“我弟弟真是一团糟”

听上去，罗伊丝好像就要和她弟弟布莱恩断绝姐弟关系了一样。“我并不想让人听起来冷酷无情，”罗伊丝解释说，“我当然是很担心布莱恩的，因为他老是把事情搞砸。但我还是很生他的气，尤其因为两件事：一是他总在自己遇到困难的时候打电话向我借钱，并问我该怎么办；然后，他会把钱花了，但从不还我，还把我的建议当耳边风。我已经给他找过两个治疗师了，但他都没坚持下来。我还推荐过一些可以帮他重整生活的书；当他打给我时，当然，接听方付费，我会用心和他交谈，告诉他如何重拾自己的人生。但布莱恩根本听不进去。我还试过狠狠地当面教训他，但也不管用。我被他折腾得心力交瘁了，气得不行。可他是我弟弟，我又不能放着不管。他和父母关系很差，也没什么别的地方可去。”

罗伊丝和弟弟是怎样互动的呢？——布莱恩一打电话来说“帮帮我”，罗伊丝马上跳起来替他解围，然后布莱恩按老样子继续生活，直到遇到别的困难，再打电话过来求助。罗伊丝虽然软硬兼施，但两种情况下，她都在不断教训弟弟（24岁了）该如何成长。布莱恩原地不动，罗伊丝就会愤怒不已。一切按照原来的方式继续。

那么，谁该为这种“旋转木马式”的结果负责呢？但愿你如今不再以这种方式思考问题了。人际关系是环形的（有来有往，AB双方相互作用），而非线性的（A造成B，或B导致A）。一旦某种交往模式形成，双方都倾向于维护这一模式。

罗伊丝在这支圆圈舞中的角色：她越是过度履职，布莱恩就越是履职不足，换句话说罗伊丝帮助得越多，布莱恩就越是需要她的帮助。罗伊丝越是不想布莱恩表达任何疑问、脆弱或无助，布莱恩表达得就越多；罗伊丝越是担心布莱恩，布莱恩对自己的反思就越少。虽然罗伊丝作为姐姐的责任感有很多积极的影响，但她的强势在一定程度上削弱了弟弟的功能。

那是不是说，罗伊丝应该对弟弟的问题负责呢？当然不是。既不是她使得弟弟无能料理自己的生活，也不是她弟弟使得她总是救急。罗伊丝和弟弟这种施助与被助的关系可以追溯到家庭前几代人的关系模式中去。他们都需要对自己的行为负责。罗伊丝自己的所作所为，在50%的程度上造成了她自己抱怨的问题。如果罗伊丝想要改变现状，她该做哪些事呢？

如果她不再指责布莱恩，而是向布莱恩表达自己的问题，会怎样呢？她也可以在双方关系和缓的时候，对弟弟说：“你每次打电话向我借钱，问我怎么办的时候，我的第一反应总是帮你。但我帮助你之后，却发现完全没有改善你的情况，所以我很是气愤。部分可能是因为我希望自己能够帮上忙，结果却是瞎忙活，所以觉得很挫败。我以后不想再这样下去了。如果你还不了钱，就别再向我借钱。如果你还是这样子下去，就别再问我该怎么办。”

这不会管用，至少不会改变他们的互动模式。

这种交流是在指责布莱恩（“布莱恩你个寄生虫，你这个没有责任心的混蛋，喜欢操纵别人的变态”），或是在揣摩他的动机（“我觉得你是在利用我”）。无论如何，如果罗伊丝真心希望改变这种过度履职—履职不足的模式，就不能仅仅向布莱恩倾诉或是要求他改变。她必须停止过度履职，这意味着什么呢？

◎学会“袖手旁观”

如果罗伊丝想要改变与布莱恩原来的互动模式，就必须学会袖手旁观。听上去貌似很容易，对于那些以拯救别人、塑造别人为天职的人来说，克制帮忙的冲动恐怕是这世上最难做到的事。

怎么做到袖手旁观呢？怎样做到停止帮助某个家人呢？下面是一个例子。

当布莱恩再次悲催地打电话向罗伊丝求助时，罗伊丝可以表示同情，并倾听他的具体情况。她可以低调地表示：“听上去你现在确实很麻烦呢。布莱恩，听到你过得这么不好，我也很难过。”

如果布莱恩又向她借钱，她可以说："我已经决定不再借钱给你了。我自己也有一大堆事情需要解决，我决定把这些事情放在第一位。你必须自己想办法，小伙子。"要是罗伊丝能这样带点幽默，保持亲切，那就再好不过了。比如，如果布莱恩怪她："你这样太自私了。"罗伊丝可以说："你也许说得没错。我想我会越老越小气的。"

如果布莱恩要她提些建议，她可以封住嘴，说："嗯……我真的不太清楚。"或是"布莱恩我很想帮你，但我真的不知道该说什么。"然后，罗伊丝可以向布莱恩说说自己最近遇到的麻烦，也许还可以问问他，对此有何建议。罗伊丝也可以暗示布莱恩，他自己有能力解决问题："我知道你一直在努力把事情办好，我相信你最后能想到办法的。我一直觉得你很聪明。"

学会"袖手旁观"，不仅要明确自己在人际关系上的态度，还要有能力维持自我独立性与和他人保持亲密之间的平衡。如果罗伊丝这样说："不要再把我卷进去，这不是我的问题。"那么原来的模式不会有任何改变。同样地，如果罗伊丝说："从今以后，你别再指望从我这里得到任何钱或者建议，因为这样对你没有什么好处。"这又是另一种"我知道怎样做对你最好"，对别人进行各种诊断的态度。要学会这种意义上的"袖手旁观"，我们需要承认：对于别人的问题，我们不可能有确切的解决方案。事实上，哪怕是自己的问题，我们也不那么确信。

◎提建议有何不妥

这意味着有生之年内，罗伊丝都不要向布莱恩提建议了吗？

当然不是，在他们的关系有所好转的条件下，如果布莱恩要她提建议，而罗伊丝觉得建议会有所帮助，她当然可以提。但必须是有好的建议可提的情况下才提。

给别人提建议（“我的想法是……”或“据我所知，这对我很管用……”）没什么错，关键是我们必须认识到，自己提的不一定适合别人。当我们认为自己知道怎么做对别人最好，当我们希望别人按自己的方式做时，我们正在过度履职。如果罗伊丝因为弟弟没有采纳自己的意见而生气，这其实是很好的提示，说明她本不该提建议。

通常来说，如果我们表现得好像对别人的生活拥有终极话语权，那么越是关系亲密的人，越难接受我们的建议。比如，罗伊丝的典型做法是教训布莱恩，寻求专业的帮助如何如何重要，而一旦布莱恩不按她的做，她就感到气愤。如果罗伊丝换种说法呢：“治疗对我的生活也很有帮助，我很信赖这种方式，但并不是对每个人都适用，也许你会更喜欢自己调节。你觉得呢？”这样，布莱恩有可能会认真思考这条建议。以这样的方式提建议不仅仅是一种策略，更是成熟的表现，因为这样说考虑到了弟弟与“我”是不一样的个体。同时，这种说法也表明既然人人都不一样，每个人都有可能成为自己的最专业的专家。

◎保持联系

正如我们在玛吉和她母亲的关系中所见到的，保持情感的联络几乎比什么都重要，尤其是在我们转变互动模式的关键时期。罗伊丝既要表明自己不会再帮布莱恩解决问题，又要关心他，要怎样做呢？

罗伊丝可以在布莱恩遇到麻烦时，打电话给他，和他保持联系。她可以说：“虽然我现在帮不到你什么，但我很想了解你的情况。我希望你明白，我还是非常关心你的。”她还可以与布莱恩有更多的联系，比如请他来家里吃饭。腾出空间迫使他学会处理自己的问题，这与保持情感联络并不互相矛盾。罗伊丝不再帮助布莱恩，但在他遇到困难的时候，她仍然可以表示关心和支持。

在改变关系模式的情况下维持感情并非易事。我们会自然而然地想要争吵或是在感情上疏远对方，由于不知道自己的想法，不确定如何坚持自己的想法，尤其是在压力下，而大部分压力都在于真正改变自己。保持情感的联络需要我们对抗强大的心理阻力，这种阻力往往以愤怒（“既然他要破罐子破摔，我干吗还和他保持联系”），或是无作为（我并不想主动联系他）的方式表现。

◎表露自己履职不足的一面

在治疗过程中，罗伊丝向我讲述了她的问题和痛楚。但对自己的家人，尤其是对布莱恩，她总表现得事事如意，不屑于任何人的帮助。与所有强势的过度履职者一样，罗伊丝从不曾觉得自己应该向布莱恩表露自己的问题与脆弱，这绝对不可能。“我把自己难过的事告诉布莱恩？绝对不可能，我想都没这么想过。他自己的问题已经够多了。”“布莱恩体会不了我的心情。”“何必增加他的负担呢，他又不可能帮到我。”罗伊丝和布莱恩处在两个极端上互动，布莱恩只表露他的脆弱，而罗伊丝只展现她的强大。

如果罗伊丝想改变原来的交流方式，她可以向弟弟表现更完整的自我形象，可以向布莱恩倾诉一些麻烦。比如，当布莱恩打电话过来描述自己又遇到了什么困难时，罗伊丝可以说："布莱恩，我也希望自己能够帮到你，但现在我根本没心情管太多事。我今天过得糟糕极了。听到你过得不好，我很难过，但我现在确实没有精力去在意别人了。我的问题一部分是出在工作上，我不满意自己的工作已经很长时间了，这种感觉今天达到了顶峰。我真的很难过。"面对履职不足的一方颓丧地求助时，最没用的做法是继续关注他的问题，总想帮他；而最有用的做法是开始向对方表达自己的履职不足之处。

◎噢，对抗

最后，罗伊丝要做好心理准备，迎接布莱恩的对抗行为。太阳每天都会升起来，人的本性亦是难改。一开始，布莱恩肯定会加大赌注，极力地想要回到原来的关系模式中去。如果他之前要钱是为了交电费，那现在可能会说自己快要饿死了，或是快要进监狱了——这才是考验。我们要么会指责对方，并给自己找借口回到原来的关系中去；要么会满心焦虑与内疚，但按兵不动，坚持如今的立场。如果罗伊丝保持冷静，不给布莱恩提供任何帮助，但同时维持感情上的联系和支持，那么布莱恩的对抗会慢慢减少。随着时间的继续，他可能只会偶尔对抗，测试一下两人关系如何。

对于我们一开始提出的“谁该对什么负责”的问题，罗伊丝的故事为我们提供了一个很好的例子。它说明我们可能对别人承担了过多的责任，同时忽视了该为自己做些什么。罗伊丝之所以气愤，是因为太过关注弟弟的问题：她给布莱恩各种建议，资助他，帮他渡过难关。她做不到按兵不动，由弟弟自己熬过来。然而，罗伊丝没有反思，自己的做法对她想要改变的关系模式有何影响。她陷进一个恶性循环里，既不能思考自己的处境，也不知道如何在原来的模式和角色中改变自己的立场。

情况在短期内很难改变，但维持现状需要付出深远的代价，对于布莱恩尤其如此。罗伊丝很关心弟弟，但如果她只能做到不断给弟弟建议和资助，而不能向他展示自己履职不足的一面的话，对于弱势的一方来说，她的帮助实在微乎其微。不那么显而易见，但很重要的一点，是她也为自己的行为方式付出了代价：长期的愤怒与高度紧张。当我们过度履职时，我们很难容许别人取而代之，让自己松懈一下。罗伊丝总是处在照顾和帮助别人的位置上，她忽略了自己的需求，不再继续挑战和成长。她把这些事情都扫到了地毯下，因为“她需要操心她弟弟”。通过不断替别人承担责任，罗伊丝最后可能会让自己也变得履职不足。

生孩子的气

对于许多母亲来说，自责与责备孩子仍然是一种极具破坏性的通病。母亲在解决一些基本的家庭问题时，常会问：“我有哪些问题？”或“我的孩子有哪些问题？”母亲的一种幻想被人们强化了，好像她们是无所不能的：孩子的行为、状态如何，都是由她们一手造成的。如果孩子表现不好，那意味着他有个不称职的母亲；反之亦然。直到最近，父亲、整个家庭以及社会对于孩子的作用，才开始被重视。

作为母亲，我们常常因为误导，而相信自己能控制一些完全在人掌控之外的事。很多人强烈地感到自己想要控制孩子的行为。我们迫切地想向自己、母亲，向整个世界证明，我们是合格的母亲。然而，由于无法控制孩子而陷入愤怒之中的母亲，其内心深处往往是矛盾的，正是如此，她才难以消解自己的愤怒。我们认为自己有责任控制一些根本不在控制之内的事，反而忽略了自己如何作为的权利和力量。作为母亲，我们虽然不能控制孩子的思想和感觉，不能强求他们以某种方式行事，但我们可以明确并坚持哪些行为是可以原谅的，哪些不能原谅，会受到怎样的惩罚；在家人都觉得不自在的互动模式下，我们可以改变自己的角色。但是，如果我们认为问题仅仅出在自己、孩子或者孩子的父亲身上，那么任何自助行动都注定失败。在家庭当中，不存在一个单独的坏人，尽管乍看上去有这种可能。

涉及孩子的愤怒问题往往可以归为以下两种情况：一方面我们过度履职，过多干涉孩子的所感所想；另一方面我们履职不足，在设立行为的规则时不够明确。下面是一个非常典型的案例。

克洛蒂亚：年仅 4 岁的小霸王

艾丽西亚离婚几个月之后，开始与一位叫卡洛斯的男士约会。“我喜欢他，但是我女儿不喜欢。”艾丽西亚向我解释道，“每当我和卡洛斯一起出门时，克洛蒂亚就会啜泣，好像她那一小颗心要碎掉了一样。这也许是因为她想对她父亲保持忠诚吧。但是，她就是无法喜欢卡洛斯，也不喜欢我单独和卡洛斯待在一起。她对卡洛斯非常不礼貌，连话都不愿意和他讲。有时候我们想出门走一走时，她会突然大发雷霆。她真的很让我恼火，一点都不让人省心。”

“克洛蒂亚这么做时，你怎么回应她呢？”我问她。

“我冷静时，会试着和她讲道理。”克洛蒂亚说，“我告诉她，我要出去一趟，她没有必要为此生气。我跟她说，过一阵子她就会习惯我出门了，不会再觉得难受了。我向她解释，卡洛斯很不错，她如果努点力，也会喜欢他的。”

“你女儿怎么回应你呢？”我问她。

“根本就不听我的解释。她要么用被子盖着自己，要么拿手捂住耳朵，或是大叫，变得更生气。上周真是糟糕透了，我不得不取消和卡洛斯的约会，送他和保姆回家。一般情况下，我都会出去的。但当时我觉得非常内疚，所以没有按自己的想法做。我知道克洛蒂亚很难接受我和她爸爸离婚，但她只依自己的性子这一点很让我受不了。她就是个小霸王。”问题出在哪里？你能看出艾丽西亚的问题出在哪里吗？

◎和孩子讲道理？

和孩子讲理，听上去似乎是任何有见识的父母都觉得不错的选择。但所谓的说理往往会演变为我们想要说服孩子，说服孩子按我们的想法看问题。艾丽西亚对克洛蒂亚说，她这样气愤、难过有些过头，是不讲道理，是“不对的”。艾丽西亚不仅想和卡洛斯约会，她还希望女儿愿意他们约会。她不但想让女儿对卡洛斯礼貌一点（这个要求无可厚非），还希望她也喜欢卡洛斯，认同他确实很不错。艾丽西亚的愿望堪称完美，但她几乎不可能改变孩子怎么想，而且也不必这样做。这样做的后果往往只会徒增恼怒和挫败，并耽误孩子从家庭中独立出明确的“自我”。

艾丽西亚为何会难以接受女儿的愤怒和伤心呢？也许是艾丽西亚自己对和卡洛斯外出感到不安，只是尚未意识到罢了。也可能是她对别人的感受过度履职，总想要“拯救”别人的情绪，尤其是自己孩子的情绪。当儿女表现出悲伤、愤怒、痛苦或是嫉妒时，很多人的第一反应就是干涉他们，想“做点什么”消除这些情绪，让情况好转。家长也许会通过提建议、解释、许诺等方式，或是转移话题，让孩子开心起来。我们总想说服孩子，不该有那些负面情绪。

情绪上的过度履职在一定程度上反映了家庭关系的黏合。典型的角色设置和家庭规则所体现的模式是：父亲非常冷漠，母亲反应过度。如果孩子身上觉得痒，母亲会帮忙抓挠。母亲与孩子之间的联结如此强烈，以致很多人难以做到保持一定的距离，通过换位思考、放低姿态，倾听孩子的心声，鼓励他们畅所欲言。我们如能做到不多管闲事，克制过度履职，不老想着“帮孩子解决问题”，那么孩子们——不管是 4 岁，还是 40 岁，都会表现出出色的管理情绪的能力，都能解决自己的问题，在需要帮助的时候也能够求助于他人。

如果你是艾丽西亚，会如何处理孩子的问题？艾丽西亚采取了以下三步之后，克洛蒂亚冷静了下来。

首先，艾丽西亚仔细倾听克洛蒂亚的怎么想的，有些什么感受，而不再总想着改变或是消除这些东西。她不再给女儿任何建议、安抚、教训、解释或是指导，也不再总想着解决她的问题，而是尽量站在克洛蒂亚的立场上体会一切。比如，她对女儿说："你听上去好像对我今晚外出很生气。""你的确不太喜欢卡洛斯，对吗？"克洛蒂亚为母亲冷静倾听，不再对抗她而感到安慰，从而更开放地表达了她因为父母离婚而感到的愤怒、担忧与难过。当艾丽西亚知道如何倾听女儿的问题，而不是老想着"做些什么"时，她如释重负。

然后，艾丽西亚意识到，是否与卡洛斯约会，还是是否做别的事，都是自己的事，这些决定没必要建立在和女儿之间的感情基础上。艾丽西亚告诉女儿，她很尊重女儿的感受，会考虑到她怎么想，但绝不会因为女儿情绪爆发而影响自己做决定。比如，艾丽西亚会说："我知道你今晚会有些难过，但我和卡洛斯还是会去看电影、吃晚餐。我会在23：00左右回来，但那时候你已经睡着了。"当克洛蒂亚泪汪汪地说"我讨厌他"时，克洛蒂亚只是说："我理解。"这样，克洛蒂亚最终能和别的小孩一样，意识到自己可以表达任何想法和情绪，而母亲会在深思熟虑之后，独立而成熟地做出自己的决定，既为了自己，也为了她。在原来的情况下，艾丽西亚会向克洛蒂亚妥协，然后很气愤地指责克洛蒂亚控制欲太强。（"那孩子总希望一切都按她的来。"）

最后，艾丽西亚负责地设定了明确的行为规范，并坚持执行。比如，发脾气是不可接受的。如果克洛蒂亚发脾气，艾丽西亚会把她抱进她的房间，直到她冷静下来才能出来。艾丽西亚还向克洛蒂亚表明：卡洛斯和她讲话时，她不能不搭理人家。“如果你不愿意，可以不和卡洛斯主动说话，”艾丽西亚明确告诉女儿，“但如果他问你问题，你要是不想说，可以明确告诉他，但不能不理他。”几个星期内，每当卡洛斯和她说话时，克洛蒂亚都会说：“我不想聊这个。”艾丽西亚确定自己可以忍受她这样做。她还发现，自己越是怂恿女儿靠近卡洛斯，或是卡洛斯越是想靠近她，她就越冷漠。于是艾丽西亚和卡洛斯都后退了一步，给克洛蒂亚更多的空间。当她不再觉得有人迫使自己喜欢或是接近卡洛斯时，她反而对卡洛斯的出现感觉更轻松自在了。过了一阵子，她对卡洛斯的态度温和起来。

处理和小孩的关系与处理和大人的关系是同一个道理：只有我们不再想着塑造对方，而是以观察互动的方式，并思考自己如何改变，一切变化才有可能。随着我们的观察不断敏锐，一些关系模式并不难辨认（“我越是强迫克洛蒂亚表达她对我们离婚的感受，她越是什么都不愿意说。一旦我不在逼她，而是冷静地向她讲一些我自己对离婚的感受时，她有时也开始向我说起自己的感受。”）。当关系模式中包含三个核心人物事情，观察会更加困难，这一点我们将在下一章中了解到。

第 8 章

三思而行：

走出家庭三角

最近，我去菲尼克斯看望了父母。我 75 岁的父亲身体一直非常健康，他常为此感到得意，如今却心脏病突发。我在父母家时一切都非常愉快，但回来之后，我发现自己很容易对孩子发脾气。接下来的几天里，马修一起床就头痛，本的脾气也变得有些暴躁，两个孩子老是打架。他们成了我宣泄怒气的出气筒。

我把自己的情况告诉了朋友凯·肯特（她是一位极富洞察力的家庭治疗师），随后我意识到自己对孩子的愤怒与我去看望父母有关。我和父母一起度过的快乐时光反而让我更强烈地意识到，我住得离他们那么远，他们不在我身边时，我有多想念。这次去看他们，我不得不面对他们已经非常年老的事实。我父亲显得很疲劳，行动非常迟缓，很容易喘不过气。我母亲看上去还是老样子，她挺过了两次癌症，不久前还做过一次手术。但我还是很清醒地意识到，她终将离我而去。

凯建议我直接把这些感受告诉孩子和父母，我照做了。第二天晚餐的时候，我为自己近来的暴脾气向全家道了歉。我向马修和本解释，为什么从菲尼克斯回来之后我感到难过：外公和外婆都很老了，外公的心脏病尤其使我感到他们不会永远陪在我们身边，他们中的一个可能很快会离我们而去。我解释说："这才是我发脾气的真正原因。"我还给父母写了封信，告诉他们我在那里过得很开心。回家之后，我非常担心他们，一想到以后没有他们的生活，我感到非常难过。

接下来，两个孩子发生了很大的变化：他们都放松了下来，也不再老是打架了，而是争抢着问我关于死亡和濒临死亡的问题，请我具体讲讲外公的心脏病和外婆的癌症。我不再感到愤怒，一切恢复正常。

一周之后，我收到了父亲的回信，对于我的内心表露，他只给了一个简单的回复：不要纠缠于生活的暗面。他分别给两个孩子附了一封长信，给他们解释心脏是如何工作的，而他的心脏出了什么问题。在写给马修的信的最后，他直接提到了死亡的话题。这些信真实而温暖，开启了祖孙两代人之间的首次通信交流。

在某种关系或情境中的潜在问题，常常会不可避免地在另一份关系中引起愤怒。一旦我们意识到这个问题，就应该向不幸充当了受气包的那一方道歉，并纠正自己："对不起，我对你太凶了。我今天上班的时候很烦我的上司，心情实在糟透了。""我应该是太担心自己的身体了，才会冲你发火。""我今天见谁都烦，后来才意识到，原来今天是我哥哥的忌日。"但有些时候，我们意识不到自己正在把对某个人的愤怒发泄在别人身上，或是由于某个原因感到焦虑，却在别处发火。

这不是说，我们把对某个人的感觉转移到了其他人身上；而是说，我们通过把注意力放在另一个对象上，减轻了自己在某种关系中的不安——这样，我们无意识地把第三方牵扯了进来，从而弱化了在原本的矛盾中体验到的情绪。比如，如果我继续将愤怒对准不断捣乱的孩子（他们会更加捣乱），我因为年迈父母即将不久于人世的焦虑会得到缓解。我很可能根本意识不到，这才是真正的问题。

这种情况就是我所说的"三角关系"。短暂的三角有多种形式，它自然而然地存在于所有人类关系中（家庭关系、工作网络、友谊等)，人们往往意识不到。但它也可能变得非常顽固，阻碍个人发展，阻碍我们意识到冲突的真正根源。以下所述的案例正是如此，起初短暂而无害的三角关系最终演变成了根深蒂固的三角矛盾。

◎家庭三角

朱迪是一名房地产经纪人，她的丈夫维克托是电话公司的销售。碰巧有一天，维克托下班之后要开会，他打电话告诉朱迪自己 7 点才能到家。朱迪那天整个下午都在带孩子，快到晚饭时间，她觉得自己很累，神经绷得很紧。她给孩子们做好了晚饭，孩子们感觉到她情绪不太好，都表现得更乖了，但这让朱迪绷得更紧。她打扫卫生之后，看着挂钟等维克托回家。到 7 点半时，维克托走进了家门。

“抱歉，我回晚了，”他说，“路上发生了车祸，耽误了一会。”

这个解释很合理，但朱迪很气愤。只是她没意识到，她生气是因为自己的需要，而不是维克托的原因。

“我真的很生气！”她的语气很愤怒，“强尼和玛丽一整天都在等你回家。现在他们都快要睡觉了。我很担心强尼，他很想你，可你这一周都没怎么陪过他。他像个没有父亲的可怜虫！”

发生了什么？维克托怎么做父亲的，这也许确实值得好好讨论，但这并不是当时的重点。此时此刻，朱迪正在以孩子为借口，偏离她和维克托之间的严重问题，而维克托满心成全朱迪，说不定也有他自己的原因。

也许，朱迪觉得自己没有资格为维克托晚归生气。毕竟，开会是工作的重要内容之一，交通出了问题也不是他的错。她觉得自己的愤怒是不合理、不成熟、不被允许的，所以她无法表达出来，哪怕是对自己表达也不行。也有其他可能，比如维克托晚归并不仅仅是回来晚了的问题，也许这反映了维克托减少了对婚姻的投入，从而触发了朱迪长期压抑的愤怒。

如果，朱迪和维克托的关系柔韧灵活，而且没有过多难已摆平的焦虑，那么这个三角矛盾只会是暂时的，不会变得一发不可收拾。朱迪心情平复一些之后，她可以向维克托倾诉，告诉他今天过得有多糟糕，当他不能在5点赶回来帮她分担一些时，她有多生气和挫败。可是，如果朱迪觉得告诉维克托自己怎么想的并不安全，怎么办呢？如果夫妻双方都倒吸凉气，拼死压制他们婚姻中的潜在矛盾，会怎样？

如果情况是这样，那么一段时间之后，三角矛盾可能在朱迪、维克托和他们的某个孩子之间根深蒂固。朱迪可能会经常向某个孩子发脾气，而不是冲着维克托。她也许会强化自己和玛丽、强尼的关系，以此维系家庭表面的平静。还有很多种可能：朱迪也许会和强尼过度亲密，以此补偿婚姻中的冷漠，并将维克托排斥在家庭的外围；她也许做不到把婚姻问题局限在自己和维克托之间，而会向女儿抱怨丈夫；她也许会过多地关注操心某个孩子，通过关注他的情绪或行为问题，不再那么在意婚姻当中的不满，这样甚至还能制造一种夫妻二人共同关照问题孩子的亲密假象。

三角矛盾中的另一角不一定是孩子，也可以是朱迪的母亲、婆婆或是夫妻一方的情人。三角矛盾的表现方式也很多，但万变不离其宗：朱迪与第三方的关系总会因为婚姻中的潜在问题而变得更加紧张，而一旦三角矛盾日益顽固，其对应的婚姻问题也会变得更加棘手。当然，反过来也有可能：朱迪对丈夫的愤怒，由与第三方关系中的潜在问题引发，比如与她的父母。

不同性别和年龄层的人也可能会发展出多重的三角矛盾，甚至可以跨越好几代人。而如我们所知，女性通常会害怕撼动与男性的重要关系，她们通常会夸大自己的恐惧。因此，我们很可能无法直接和矛盾中的另一方对峙，而是选择将怒气发泄在关系当中弱势一些的个体身上，比如另一个女人或者孩子。这种三角矛盾在工作当中是怎样的呢？

◎工作三角

梅丽莎是个年轻而聪明的女人，她在一家私立医院担任护士长，这家医院几乎全部由男人掌管。实际上，她所在的职位就像一个摆设，毫无实权。月复一月，梅丽莎在会议中的参与完全被忽略，她感到自己无力影响护理体制的决策。

梅丽莎庆幸自己能够跻身于“人数不多”的管理层，她害怕自己对医院的当权者感到愤怒，她担心如果自己变得更加明确果断、直面问题，就会失去当权者的认可……所有这些感受混杂在一起，蒙蔽了她对愤怒的体验，并妨碍她直接解决问题。梅丽莎一贯的做法是：对当权的男性毕恭毕敬，维护他们的权威，防范女性对他们的批判。这种做法也许一开始对她当选护士长起到了一些作用。

梅丽莎开始以三角的方式应对潜意识的焦虑和愤怒。首先，她开始严密监控她的护理员工，一旦有任何出问题的苗头，马上采取行动。不久之后，她越来越讨厌一个叫苏珊妮的护士——她不幸成了三角中的出气筒。苏珊妮很年轻，为人坦率干练，与梅丽莎不同，她能很轻而易举地表达自己对男性领导的愤怒，而不太重视规章制度和文书的提交期限。梅丽莎开始过度追究苏珊妮的一些无心之过（比如没有按时上交文书），并认为她有“特殊问题”，需要严格监督。梅丽莎给苏珊妮的上级写了很长的备忘录告状，说明苏珊妮迟交文书的问题，却没有表明自己为何针对苏珊妮的关键原因。随着苏珊妮的焦虑飙升，她不太明智地恶化了情况。她四处奔走，想要集结一群护士批判梅丽莎。她们之间的关系越来越紧张，而苏珊妮迟交文书的事情变成了一个相对严重的问题。六个月之后，梅丽莎通过高层的准许，炒了苏珊妮的鱿鱼。

梅丽莎和苏珊妮卷入的三角冲突源于该医院的高层构建（都由男性领导者构成）。梅丽莎之所以可以和男性当权者保持平稳的关系，是因为她把愤怒都发泄在了下级身上——在这里是苏珊妮。而梅丽莎愤怒的导火索，则是她根本没有实权影响医院的护理团队。

我们能说，是梅丽莎造成了问题吗？问题出在她身上？当然不能。如果梅丽莎所在的机构，赋予女性实权，如果她不是高层中少有的女性之一，她当然不会像今天这样。研究表明：在由男性主导的机构中，身处高位的女性难以明确定义自我，无法辨别一些职业女性经常遇到的问题，而如果管理层的男女比例相对平衡，就不会有这种情况。我们并不能单独责怪某个人把苏珊妮当作了替罪羊，苏珊妮也不全然是无辜的受害者。

在所有的状态中，最好的情况莫过于我们能和家人、朋友、同事建立独立的、一对一的关系，不受其他关系的影响。比如，我们与母亲的关系和与父亲的关系，不会受到他们之间的矛盾影响。如果生苏的气，就去找苏，而不是在丽萨面前讲她的不好。我们不会因为在某份关系中感到的愤怒，就转移到别的关系中，但这种理想状态很难持久。三角矛盾存在于所有的人类关系中。当两个人之间的关系紧张到一定程度之后，或是冲突浮出水面的时候，第三方会不自觉地、自然而然地被卷进来。所以很多人都参与了许多连环的三角关系，只是本人可能意识不到。很多三角并没太大问题，但也总有一些可能问题很严重。我们如何摆脱自己卷入的尚未意识到的三角呢？

理解三角矛盾，我们需要注意两件事：一是必须明白，自己与身边重要他人之间，有哪些尚未解决、没有明说的问题——它们正在影响我们目前的关系。生自己亲密之人的气意味着，可能在其他关系中，我们尚未意识到自己的愤怒情绪。二是需要搞清楚，自己在三角矛盾中到底起了怎样的作用。为了做到这两点，我们必须仔细观察现实中的三角模式。下面，先介绍一个充满愤怒和焦虑的家庭三角。

◎凯斯勒家族：几代人之间的三角仍在继续

“我很担心我的儿子比利。”凯斯勒女士说，她此前给门宁格基金会打过电话，希望我们帮帮她的大儿子，让她稍微安心一点，不再那么愤怒。“他一直是个好孩子。但上了三年级之后，他老是在学校里出问题。他和他爸爸经常因为这事吵架，他们的关系越来越差了。我做了一切我能做的，改善他和他爸的关系，让他在学校里更有担当一些，可都没用。我很生比利的气，还有我丈夫约翰。他现在喜欢惩罚孩子。我想叫比利一起过来，但是他不愿意。他觉得治疗都是骗人的，治疗师都是骗子。"

初次见面前几分钟的交谈，表明凯斯勒女士觉得她对目前的问题胸有成竹。家里的"问题"出在比利和比利爸爸身上。但如果我们问的人是凯斯勒先生，他可能也会说是比利和比利妈妈的"问题"。当我们生气时，总倾向于从人而非关系模式上找问题。

下面是凯斯勒的核心家庭的关系示意图。方块表示男性，圆圈表示女性。连接方块与圆圈的水平线代表婚姻关系，水平线下方的每一条竖线下面代表一个子女，从左至右的年龄依次减小。我们可以看到，8 岁的比利是老大，他还有一个 6 岁的弟弟乔和 4 岁的妹妹安。

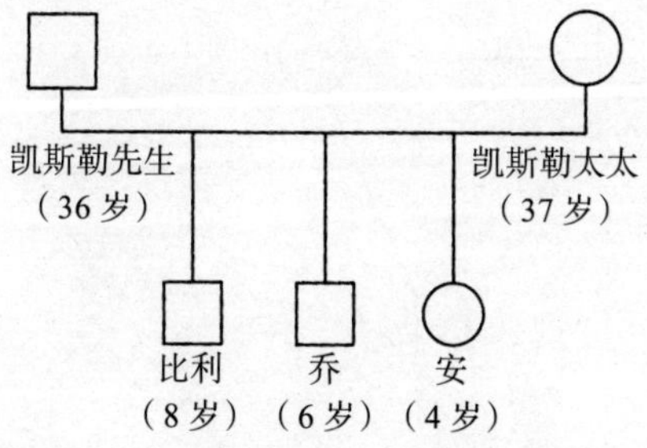

◎谁做了什么，对谁做的，结果怎样

对于比利在学校的问题，凯斯勒家族是如何相互作用的？

我们所有人，个体与家人之间，会有一些模式化的反应。如果凯斯勒女士希望从愤怒出发，改变自己的立场，她首先必须观察自己现在是如何被困住的。当我要求她具体描述一些细节时，她和我讲了前一晚发生的一件事。

比利答应吃完晚饭就去做数学作业，结果却跑去看电视了。他爸爸比我先发现，他骂比利“一点责任心都没有”“不讲信用”。比利推脱说：“这个节目播完我就去做。”他爸爸听了更是火冒三丈。凯斯勒在隔壁收拾厨具，她听见了，对比利爸爸叫道：“约翰，干吗对孩子那么凶。这节目再过15分钟就完了。”比利爸爸喊道：“你别管！要不是你一开始就宠坏了他，他在学校也不会那么差劲！”比利父母就这样吵了起来，比利自己回房间睡觉了。最后，比利爸爸不再搭理他妈妈了；他妈妈也根本没有说服他，于是不再说什么了。

在凯斯勒女士开口之前，他们的三角的关系示意如下：父子之间是冲突的，母子以及夫妻之间相对平静：

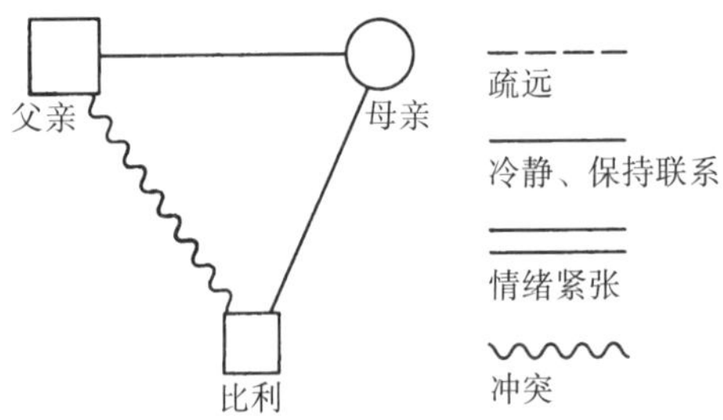

凯斯勒开口维护比利，介入父子之间的矛盾之后，她成了凯斯勒丈夫攻击的焦点，三角的关系变成了这样：

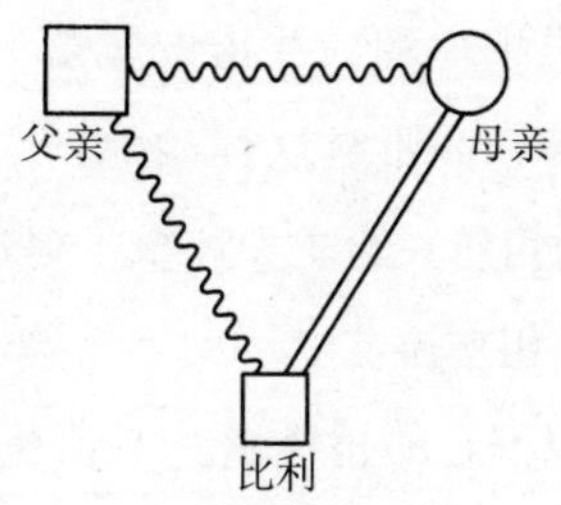

场景1

如果这种关系模式只是暂时的，没有固化，那么不一定会有很大的问题。比如，假如当晚在比利睡觉之后，凯斯勒夫妇交流彼此对比利的问题怎么看。他们意识到两人对比利的行为有不同的看法。但就如何对待比利而言，这不妨碍他们达成一致意见。随后，凯斯勒先生向妻子抱怨说，他因为工作中的某些事非常生气，可能正是这个原因，他对比利过于激动了。而凯斯勒太太说，她之所以这么在意丈夫批评比利，也许是因为她爸爸以前总和她的大哥吵架（也是最先出生的儿子，和比利一样），她感到了以前的那种压力。随后，凯斯勒夫妇继续讨论工作和生活上的其他问题，以及亲友的一些问题，他们会逐渐把比利的问题抛到脑后。

场景2

可惜的是，凯斯勒家庭并非如此灵活——凯斯勒太太描述的家庭关系，是一个急促紧绷的恶性循环。当压力袭击这个家庭时，通常会发生下列情况：

父亲只会反复地指责比利——他非常担心儿子的不良行为，怕他没有责任感。（“如果你不改，麻烦会越来越多！”）

母亲则一味地维护比利，并指责父亲。（“约翰，孩子需要的是你的关爱和理解，而不是这样凶他！”）有时，她会扮演调停矛盾或修复关系的角色：给丈夫和孩子提建议，告诉他们如何更好地反省自己，互相交流。

比利陷在了履职不足的角色里。不管是在家，还是在学校，他都已经被贴上了“问题孩子”的标签，成了父母过分担忧的焦点。

最后，在如何教养比利的问题上，凯斯勒夫妇吵得不可开交。凯斯勒先生主张“规则和秩序”，凯斯勒太太则坚持“关爱和理解”。这些争吵导致他们的情绪激动，反而模糊了他们的个人生活和婚姻关系之中的其他重要问题。

凯斯勒太太，现在该怎么做

接下来的几周，凯斯勒太太试着体察自己的愤怒，以及家人在比利的行为问题上的互动方式。如今，她更加清楚自己应对压力的典型风格了。她意识到自己如何维护比利，责怪丈夫，如何做比利与他父亲的和事佬。

她还发现，自己那些做法没有起到任何作用：每次，只要她为比利辩护，丈夫就会认为她偏袒比利，转而把攻击的矛头对准她。凯斯勒太太开始思考，自己还可以采取哪些不同的行为。

◎不做中间人

在干涉其他关系时（这种努力通常无效），我们也是三角的一角。凯斯勒太太最大的难题是：丈夫与儿子之间的矛盾，由他们自己解决。在她不插手的情况下，他们处理好彼此的关系。她是这样做的：

首先，她向丈夫道歉，承认自己之前不应该干涉丈夫与比利之间的矛盾，她总觉得自己应该指导怎样处理他们的关系，却反而让事情变得更糟。她能感受到丈夫很关心比利，也很佩服丈夫勇于担当父亲的责任，以及他为儿子所做的努力。无论丈夫与比利之间存在什么问题，她相信他们都能自己克服。

她对儿子说："比利，每次你和爸爸争执时，我就干涉进来帮你的忙，和美国红十字会似的，我很厌烦这样做。你很聪明，应该知道自己什么地方惹你父亲生气。我相信你们可以一起想出办法来。从现在起，别再依靠我了，你自己看着办吧。"

接下来，当比利和丈夫对抗这种改变时，凯斯勒太太尽力保持冷静，置身事外。可以想象，为了恢复原来的三角，比利和爸爸不自觉地加大了"戏码"——凯斯勒先生解开皮带要打比利（在以前，他只会对儿子说狠话，训斥他）。比利哭着跑向母亲，向她抱怨父亲对他多残忍。连比利的弟弟妹妹也忍不住了（"妈妈，爸爸又要打比利了！"）。比利对凯斯勒太太的典型"试探"大致如下：

比利："爸爸不让我参加明晚的棒球赛，可我是接球手啊！你就不能让他答应我吗？"

母亲："比利，这是你和你爸之间的事。如果你很不满意，可以自己找他谈。"

比利（哭喊起来）："但是他根本不会听！"

母亲："比利，这是你和爸爸之间的问题，你们都是聪明人，尽最大可能处理好这个问题。"

比利："爸爸不公平！要是你就不会不让我参加比赛！"

母亲："有时候，我和你爸对你的要求不一样。这是爸爸对你的要求，你能不能参加这次比赛，都要看你爸爸。这是你和他之间的事情。"

尽管比利想让母亲继续做中间人，但他再次肯定，母亲不会再回心转意了。比利会不自觉地以某种方式，试探母亲是否真的"允许"自己与父亲建立独立的关系，母亲是否需要他对她保持忠诚，他们二人是否需要继续联盟，共同对付"不公平""不合格"的父亲。凯斯勒太太通过不一样的行为方式，让比利意识到，她不会继续待在原来的三角里面，而把丈夫排斥在一边。比利可以同父亲合作，而不需要顾及她的感受。

保持她现在的立场绝非易事。"每当我听到约翰又和比利吵起来时，我的神经都绷得紧紧的。"凯斯勒太太对我说，"每当我听到约翰没完没了地训斥比利，就很烦躁，很想抓狂，我会走进浴室或外出散步，躲开他们。"有需要时，凯斯勒太太确实可以采取这种方式。她不再责怪丈夫，反而很冷静地对他说："有时，当你和比利吵架，我会很不舒服、很烦躁。我不知道自己为什么会这样，但我会出去走走，这样会好一点。"她明确地向丈夫表达了自己的感觉，并对此负责，而不是责怪丈夫"造成了"她的不适。通过这些举动，凯斯勒太太向丈夫与儿子表明：他们能处理好关系，并不需要她的介入。

那万一凯斯勒太太认定丈夫可能会体罚儿子呢，该怎么处理？显然，她需要坚定地反对暴力，尽一切可能保护比利，哪怕是叫警察。但她若能采取如下措施，避免回复到原来的三角中去，那么不太可能会出现暴力，因为三角的消失会大大减小冲突升级的可能。比如，她可以对丈夫说（最好选择两人相对冷静的时候）：“我真的很担心你和比利之间的矛盾会加重，会伤害到比利。我不能解决你们两人之间的问题，但我绝不允许暴力。如果你打比利，我会想一切办法把你们分开。”她也可以对比利表达类似的意思：“虽然就长远来看，你和你爸的问题必须自己解决。但我和你爸爸说了，如果你们的矛盾恶化到有人可能受伤，我会介入。”采取对他们负责的立场，并不需要恢复原来的关系模式。凯斯勒太太告别三角之后，他们家发生了哪些变化？面对比利的问题和挑衅，凯斯勒先生反应不再那么强烈，比利对他自己的行为也更加负责了，他的学业问题也基本消失了，父子之间的关系好了很多。这样看上去，好像凯斯勒家庭从此可以幸福地生活下去了？

未必。首先，凯斯勒太太与比利之间出现了直接的冲突。其次，凯斯勒夫妇之间关乎的婚姻问题也开始浮现。凯斯勒先生十分丧气，尽管他并不认同心理治疗，还是给我打电话预约咨询。

为什么会这样呢？因为三角可以掩盖那些让焦虑涌现的问题，正是这样大家才参与到三角之中。当三角被打破之后，我们开始与每位家庭成员建立一对一的关系，在没有了第三方保护的情况下，隐藏的问题开始浮现出来。这在情绪上让人有些难以接受，但它促使我们不再专注于他人，而是更近距离地审视自己。

◎回顾原生家庭

比利的问题解决之后，凯斯勒夫妇开始进一步关注他们的原生家庭，收集一些家庭过去的信息。当我们因为孩子或配偶履职不足而愤怒、操心时，可以回顾自己所在的更宏观的家庭背景，也许会有所帮助。

从大家庭的角度看待单个个体的问题，能打开我们的思路：为什么在这个家庭，是比利变成了“问题孩子”，而不是他的弟弟或妹妹？为什么在比利读三年级之后，家人之间突然矛盾升级了？凯斯勒先生为什么对儿子的“没有责任感”反应如此之大？凯斯勒太太为什么这么受不了丈夫和儿子的争吵？凯斯勒先生与比利的矛盾化解之后，为什么反而变得沮丧了？最重要的是，凯斯勒夫妇应该如何避免任何家人的严重履职不足，或像比利那样成为“问题”？

我们可以近距离地观察凯斯勒家庭所在的大家族示意图，以便获得更多的一手信息。如果你也跃跃欲试，想绘制出自己的家族示意图。如果条件允许，请至少包括三代人——出于简洁和重点突出的目的，该凯斯勒的家族图谱绘制得并不完整。完整的图谱应该包括家族中每位成员的出生、死亡、严重疾病、结婚、离异、最高受教育水平等信息，以帮助我们尽可能地追溯家庭的历史。圆圈或方块中的“ × ”表示此人已经去世，婚姻上的线的平行斜线表示离异。

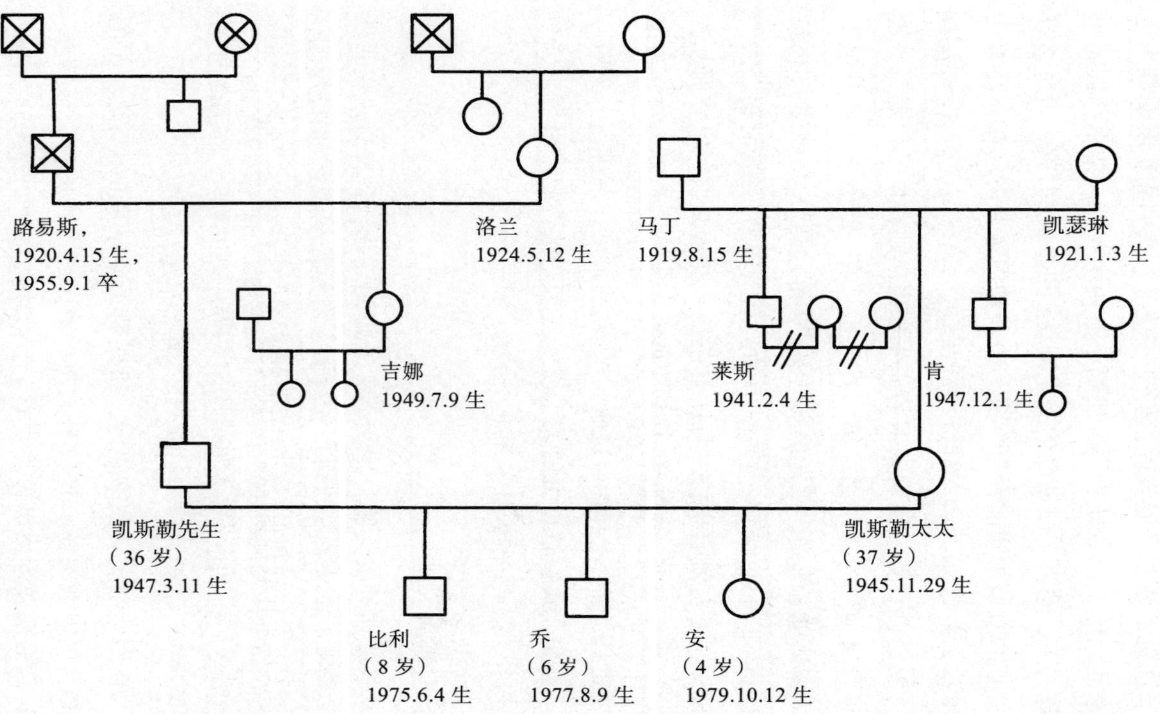
路易斯，
1920.4.15 生，
1955.9.1 卒
洛兰
1924.5.12 生
马丁
1919.8.15 生
凯瑟琳
1921.1.3 生
吉娜
1949.7.9 生
莱斯
1941.2.4 生
肯
1947.12.1 生
凯斯勒先生
（36 岁）
1947.3.11 生
凯斯勒太太
（37 岁）
1945.11.29 生
比利
（8 岁）
1975.6.4 生
乔
（6 岁）
1977.8.9 生
安
（4 岁）
1979.10.12 生

这份家族图谱能告诉我们哪些信息？我们先看凯斯勒先生的家族。他有个妹妹吉娜，已婚，有两个女儿。如果我们简单计算一下，会发现凯斯勒的父亲刘易斯在35岁时就去世了，身为长子的凯斯勒当时只有8岁。凯斯勒的母亲洛兰在家还有个姐姐；丈夫去世以后，洛兰没有再嫁。

我们再看看凯斯勒太太的原生家庭。她在家排行老二。她的哥哥莱斯离过两次婚；弟弟肯已婚，有一个女儿。我从凯斯勒太太那里了解到，莱斯是家里的“害群之马”。用她的讲述是："莱斯是个酒鬼，没有他搞不砸的生意与婚姻。”凯斯勒太太的父母，马丁与凯瑟琳，一方面在感情上疏远莱斯，另一面却在经济上扶助莱斯。凯斯勒太太与哥哥基本没有往来，只在每隔几年的家庭聚会上和他碰次面。

首先，我们将过去的关系模式与现在结合起来思考，进一步分析父亲一方的家族关系。

◎悼念父亲

与凯斯勒太太第一次交谈，并得到这些资料之后，我能理解为何8岁的比利在进入三年级时，会与他父亲之间关系激化、冲突不断：比利现在正好是凯斯勒失去父亲的年纪。如今，凯斯勒先生36岁，比父亲去世时大了一岁。可以看到，凯斯勒正在经历“周年反应”——他由于丧父压抑的情绪又复发了。

在周年纪念日到来之际，凯斯勒并没有意识到与之相关的愤怒、焦虑和失落，也没有直接悼念父亲。他的典型做法是，把自己的情绪都聚集在儿子身上，绝不放过比利行为问题的任何蛛丝马迹。对其他人的问题过度反应，这不仅会激化问题本身，还会使问题继续下去。比利越是不配合，他父亲的情绪越激动（母亲对父亲的反应也是如此），又一支圆圈舞形成。

为什么凯斯勒要通过加倍盯住孩子来缓解焦虑呢，这不是母亲处理紧张和压力时常用的办法吗？其实是我们的社会环境促使了这种对孩子的问题关注——男性同样深受其害。也有可能出现其他应对焦虑的三角模式，比如，凯斯勒先生会在周年反应期内制造婚外情，离开他的妻子；也可能会疏远妻子，全心投入工作——男性处理焦虑的典型方式；他也可能会履职不足，出现别的身心问题；也可能不断找妻子的茬，而不是以孩子为焦点。我们都会以上述的一种或多种方式缓解压力，在理想的情况下往往不止一种。如果家庭应对压力的唯一方式是关注“问题孩子”，那么对孩子的干扰将会很严重；而如果应对方式是夫妻间吵架，那么婚姻也会收到严重的影响。

◎为什么是比利

比利和父亲一样，都是长子。因此与其他孩子相比，父亲更容易与他有共鸣，更容易把自己和比利混在一起，更容易对比利的优缺点反应过激。我们可以猜测，凯斯勒可能认为，和大儿子之间的关系是最重要的，也是问题最严重的。当高强度的压力袭击凯斯勒时，他会格外绷紧神经。而凯斯勒的父亲也是家中的长子，这进一步放大了凯斯勒先生对自己和比利关系的情感诉求。出生顺序是决定父母如何看待我们的重要因素之一，也是决定我们如何看待自己孩子的重要因素之一。

◎"儿子，要有担当！"

对于凯斯勒来说，没什么比看到比利颓废且没有责任心更惹恼他的了。为什么？我们可以从家族图谱中得到一些不错的线索。8 岁时，凯斯勒失去了父亲，剩下他和母亲洛兰相依为命。洛兰在家中是妹妹。在姐妹之中，妹妹的典型特点是什么？作为家长的她们往往不善于掌控，没有领导力，不善于主动完成任务。凯斯勒作为长子，在很小的时候就开始有所"担当"，发挥"领导力"。他也许一直在努力填补父亲的空缺，帮助母亲渡过难关。

当我和凯斯勒交谈时，我的猜测得到了证实。他很早就已经是个"小男人"了，孩提时贪玩、被人照顾的需求，早被自己的过度履职所压抑，反而是他在操心其他家庭成员。一看到比利有不负责任的苗头，凯斯勒迅速反应，这是因为他自己并未有过多少真正的童年，他在很小的时候就非常有担当了。正如他后来对我说的那样："我一看到比利偷懒玩闹，就会火冒三丈。我可能有些妒忌他。自从我父亲去世，我就不再是个孩子了，我开始操心各种事情——这一切都来得太早，我完全没有准备好。我的问题在于，总是太过操心。"

◎"我有问题。"

一段时间之后，某周内，当凯斯勒对儿子怠慢学业感到尤其愤怒时，他把比利抱到腿上，试着对他说了这番话：

"比利，我看到你这周在学校捣乱，心里非常烦躁，很不开心。我一直对你的情况感到困扰，现在我找到了问题所在：我 8

岁时，父亲去世了，我成了没有爸爸的孩子。我当时非常愤怒、恐惧、难过。如今，你也8岁了，和我当时一个年纪，当年的很多感觉又回来了。有时，我应对这些情绪的时候，会限制你，和你吵架。因为只有这样，我才不会为失去我的爸爸感到太难过。”

比利睁大眼睛看着他，然后他说：“这不公平！这根本没道理！”

凯斯勒先生回答他：“你说得对，比利。爸爸有时候是不讲道理。我欠你一句对不起。我要做的，是处理好你爷爷的去世给我造成的情绪。而你的任务，是仔细想想你在学校中要做怎样的学生。我会尽一切努力做成我的事，也会尽量不干涉你的任务。我并不一定能做到，但我一定会尽力去做。”

“所以，我可以和朋友们出去玩，不用再做家庭作业了，对吗？”比利既开心又不安地问道。

“这可没门！”凯斯勒先生说道，逗笑地掐了下比利的胳膊。

“你知道规矩，孩子。至于要不要按规矩来，你自己定。但你必须想好，在学校做什么样的学生。尽管有时我会试着做些什么，但我不能替你决定。”比利不再说什么，但几周之后，他开始问有关祖父刘易斯的各种问题。

将情绪焦点从比利身上移开，并不非得采取“你爱怎么着就怎么着，我不管”的态度。凯斯勒的做法是，不良行为的惩罚会很严厉。惩罚的宽松与否往往因家庭而异，这不是问题。重要的是，凯斯勒先生制定并实行了他的规则，既没有情绪紧绷，也没有指责对方。他向比利讲明，会处理好自己的问题。同时，家长之间相互支持对方的规则也很重要，哪怕他们的意见并不能总是一致。

大多数人想都没想过和孩子们分享一些自己困难的经历，就像凯斯勒所做的那样。或者就像我去菲尼克斯看望父母之后那样——这样能非常有效地打破关系模式，可以说很难找到其他更有效的方法了。当我们不再一味地担心履职不足的个体，一味地感到愤怒，并开始就当前的问题表达自己想法时，这将会最大化所有家人共同成长的机会。这是从“你有问题”到“我有问题”的转变。过上一段时间，在悼念亡父之后，克服自己对母亲和妹妹过度履职的立场之后，凯斯勒将会做得更好。

凯斯勒太太的家族关系是怎样的？通过分析她的家族图谱，对我们了解她和比利的关系，有哪些帮助？

◎哥哥是个“害群之马”

莱斯是凯斯勒太太的哥哥，和比利一样，在家排行老大。他是家里的害群之马。在工作和女人方面，他有过无数的“不良记录”。在这个重要的家庭三角中，莱斯是被孤立的对象，被认为是履职不足的。他的父母责怪他；妹妹凯斯勒太太疏远他，她和父母一样，都想改变莱斯。在压力较小时，她会与其他家人谈论莱斯和他的问题；压力大的时候，她会向父母建议该如何应付莱斯；要是父母没有采取她的建议，她会很生气。凯斯勒太太断绝了与哥哥的情感联结，所以他们之间没有太多冲突，焦虑也比较少。但她在与儿子比利的关系上，重新感受到了这种焦虑，可能这部分因为，比利与莱斯在家中的排行相同，也因为比利的一些个性特点恰好与莱斯相似。这些特点让他的妈妈总想起自己的大哥。通常，在周年纪念日来临之际，由于情感断绝的潜在压力会再次萌发。比如，比利12岁，这正是莱斯开始出现问题的年纪；或是在莱斯23岁时，凯斯勒太太和他断掉了联系。在凯斯勒家，当凯斯勒太太不再充当丈夫与儿子的中间人之后，当丈夫与儿子之间的冲突平息之后，母亲与比利之间的紧张关系就会凸显出来。

我们在某种程度上，都容易把孩子与自己、与其他家人混为一谈。我们把自己的影子投射在孩子身上，把自己下意识的愿望、恐惧与需求投射给孩子。这一投射源自我们与父母、兄弟姐妹之间尚未完成的任务。如果母亲在原生家庭中没有改变某些关系，她会更倾向于对当前的家庭成员进行投射。比如，她可能会促使比利成为家里的明星——非常优秀，一点都没有她哥哥那些缺点；她也许会害怕自己也有的那些毛病。或者，她会非常害怕比利变成莱斯那样不负责任的问题孩子，于是更加关注和警惕，并不自觉地强化这种行为。比利会觉得母亲为了她自己，强求他成为某种人，他可能会适应或者反抗母亲的要求。但无论是哪种情况，凯斯勒太太与比利都会越来越不再直面自己个人的成长与挑战。

与丈夫类似，凯斯勒太太与她的原生家庭也有“家庭作业”需要完成。

一段时间后，凯斯勒太太收集了原生家庭的信息，这使她与家人更有共鸣，也更客观地理解了莱斯为什么（较她而言）更加履职不足，更像家里的害群之马。她试着观察原生家庭的互动模式与三角冲突。正如她在当前家庭中所做的那样，她通过与两方保持一对一的情感交流，不提任何建议，不偏袒任何一方，也不与父母讨论莱斯的问题，逐渐脱离了莱斯与父母关系的中间人角色。做到这一点的同时，要求她多联系哥哥，与他分享自己的生活，包括自己履职不足的方面。最后，她终于不再那么关注丈夫和儿子的问题了，也不再对他们的行为过激反应了。在这些重要的关系中，她不再觉得自己被愤怒与忧虑填满。

一旦凯斯勒夫妇懂得如何处理自己的问题，孩子也能处理好他们自己的问题。他们与原生家庭的家人的相处模式，有点像为比利和其他孩子在银行储蓄——孩子会继承前几代人没有解决的问题。我们长篇大论地讲述了凯斯勒先生失去父亲以及凯斯勒太太与哥哥断绝联系的故事，这似乎有点偏离女性的愤怒这个主题。但关键是，如果我们不能面对原生家庭中的情感问题，尤其是丧失与失联问题，那么面对当前的关系时，我们也很容易神经紧绷，生没用的气。如果我们不去观察并了解我们的三角适应模式，那么我们很容易在愤怒之下陷在过去的模式里，而非激励自己在将来形成更有益的关系模式。

接下来我们可以看到一个较为简单的家庭三角，我们可以以此回顾观察三角模式的重点，并思考如何改变。

◎他何不娶个犹太好姑娘

杰里 34 岁生日那天，他的母亲萨拉来到了我的办公室。“我的儿子杰里和一个非犹太女孩已经约会 3 年多了，”莎拉说，“那女孩叫朱莉，问题特别多，根本配不上我儿子。我和丈夫都觉得，儿子要是娶了她，根本不会幸福，但他就是听不进去。”莎拉说她很担心杰里。很明显，她还在生气。他们母子长期以来，愤怒与冲突不断。

我了解到，杰里至今住在家里，是两兄弟中的弟弟。他是大学的荣誉毕业生，但毕业后一直不断地换工作。他不知道自己该干什么，家人最担心的就是这个问题。因此，杰里在家中处于履职不足的立场。

萨拉的做法我们再熟悉不过了。她在加倍努力地想要改变儿子的想法，可她的努力只会让这种关系模式继续下去。

这种模式是怎样的？根据萨拉对母子互动的描述可以发现，在压力下，她总是指责并疏远杰里。她有时会怪朱莉（“不为别人着想”）；有时会怪杰里（“我认为你在和家人作对，但这样做并不成熟”）。如果杰里为自己或朱莉辩解，萨拉则会与他争吵，然后疏远他。在这种情况下，杰里的父亲一般会同时疏远妻子与儿子，然后又与妻子一同担心杰理。

在萨拉、杰里和朱莉三人的关系中，萨拉认为自己被孤立了。

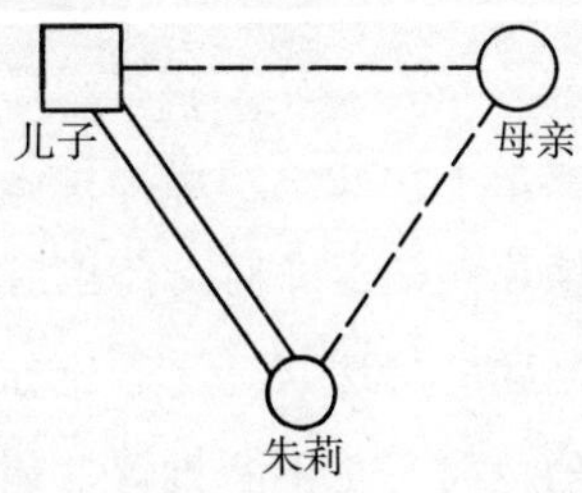

当莎拉在儿子面前批评朱莉时，她其实是在暗示儿子站在她这边，一起对抗他的女友。如果杰里站在母亲那边，这意味

着他在牺牲自己和朱莉的关系，和母亲变得更亲密，而朱莉将暂时被孤立。

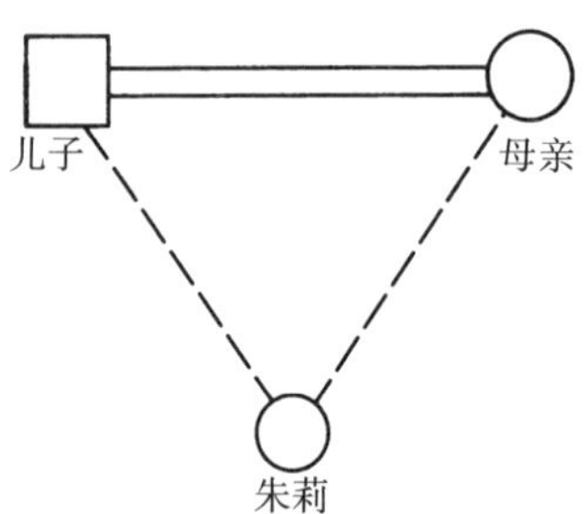

然而，通常的情况是，杰里会维护朱莉。在萨拉看来，这是在排斥她。一旦萨拉这么想，她与儿子之间很可能会冲突爆发。

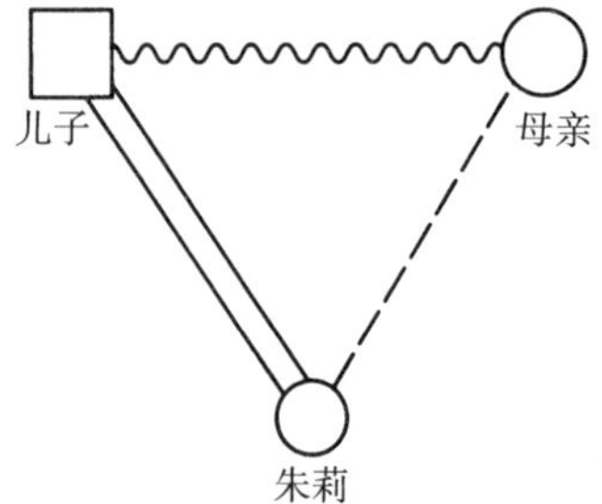

那为什么萨拉就是不让儿子知道，自己不同意他和非犹太女孩约会呢？她应该让他知道才对。莎拉应该自由地向杰里表达自己对这类重要问题的想法与感受。比如，她可以让儿子知道她现在是怎么想的，而不是不断批评、建议，指责。如果萨拉满意现状，那什么问题都没有，可关键是她并不满意。正如萨拉所说的那样，她和杰里的交流经常以冲突和疏离告终。这种模式已经持续了很长时间，萨拉非常愤怒与不满。

维持现状需要这个家庭付出怎样的代价？原来的关系使萨拉和儿子保持紧密（却是消极的紧密）。正如玛吉和她母亲逃避最终的分离，经常为孩子争吵一样。此处，母亲、儿子与儿子的女友之间的三角关系，也掩盖了其他的重要问题，减少了这个家庭中的焦虑，同时阻碍杰里与朱莉直面他们关系中的问题。

为了摆脱这个三角，萨拉能做些什么？有几个基本要素：冷静、置身事外、保持联系。

保持冷静是指萨拉在压力之下，应该保持平和低调。要知道，焦虑与紧张是三角矛盾的原动力。

置身事外是指萨拉不能干涉杰理与朱莉，他们的关系应该由他们自己处理。因此，不要在他们的问题上发表建议、提供帮助、批评、指责、解决问题、教训、分析、偏袒儿子。

保持联系是指萨拉要与儿子维持亲密关系，也要与朱莉保持一定的感情联络。当问题僵化时，萨拉可以暂时退避到一定的距离。但“置身事外”并不意味着断绝联系，如果真是那样，原来的关系模式通常不会改变。

◎旧舞蹈中跳出新舞步

当萨拉准备破除三角关系时，发生了如下对话：

“杰里，我对不起你。在朱莉的问题上，我让你为难了。只要我一想到，自己的儿子要娶一个非犹太女孩为妻，我就非常苦恼——这对我来说至今仍难以接受。有时，我会觉得很受伤、很生气，这就是为什么我一直向你发泄。但我意识到，我应该自己承受这些情绪。你没有义务保证我过得开心，你的任务是尽力找到最适合自己的关系——只有你自己才能决定，要不要和朱莉继续下去。我无权替你决定，也不知道怎样最适合你。一直以来，我甚至没有给朱莉一点机会！”

杰里盯着他的母亲，好像她来自别的星球一样。

“虽然我总管着你，”莎拉继续说，“但我相信你完全可以自己做出最适合的选择，哪怕没有我的帮助。我刚刚想起以前的一些事情来。在遇到你父亲之前，我也曾和父母不认可的人约会过。虽然我已经成年，能自己挣到钱了，但我从未真正违背过他们的意愿。你知道我是怎么做的吗？我偷偷地溜出来和他约会！后来，当我父母更不认可你父亲时，我们就私奔了！”

莎拉大笑了一声，杰里则合上了一直张着的嘴巴。他好奇地盯着母亲。在他们长期的斗争中，这是母亲第一次向他讲述自己的经历。

“你和非犹太男子约会过吗？”他问母亲，不知道会得到怎样的答案。

“我从未考虑过这个问题。因为我一直觉得这对于我来说根本不可能。这不是一个选择。”萨拉有些思绪万千，继续说：“不过，这是我，我以前的样子。你和我不同。”

这次谈话之后，莎拉感觉很不错。但那天晚上，当她睡觉时，觉得有点沮丧。她觉得自己很烦丈夫保罗，并和他大吵了一架，这稍微缓解了她改变与儿子的关系所造成的不安。萨拉的感想是：当我们从原来的关系模式出发，采取不同的方式，与家人之间形成更相互独立、更成熟的关系时，会感到不适。正如之前所见，恢复原有模式的压力同时来自自己和他人。

两周之后，萨拉如今的立场遇到严峻的考验。杰里向她暗示，自己和朱莉正在考虑结婚。莎拉保持了冷静，没有反应过激。她没有否认自己一直希望有个犹太儿媳妇的愿望，但她表示自己尊重杰理的判断，承认选妻子是杰理自己的事，而不是她的。

随后，杰里又进行了一系列新的对抗。他开始向母亲批评朱莉。“妈妈你知道吗，今天是朱莉父亲的生日，可我怎么说她都不愿给他打个电话，过去看看他。”杰里的试探变得频繁，方式也更加巧妙。他想要母亲和他一起批评朱莉。萨拉克制自己不去上钩。她反而说道：“你比我了解朱莉。如果你为这件事感到烦恼，也许可以找她谈谈，让她知道你怎么想的。”或“不管出了什么问题，我相信你们俩一定能解决。”萨拉还和朱莉有了更多的联系。她在朱莉身上发现了一些真心欣赏与钦佩的品质。

如果莎拉与儿子一起批评朱莉，她又会恢复到原来的三角模式中去。唯一的改变只是被孤立起来的是朱莉，而非莎拉。大家在三角中各自的位置也许会改变，但三角本身依然存在。焦虑也许会暂时减少，但各自无法明确并协商问题。

如果三角能够阻止各个一对一关系中的问题露出水面，那么当三角破裂时会发生什么？我们可以简单看一下，在萨拉从三角中抽身 8 个月以后，这个家庭的一些改变。

◎杰里与朱莉

杰里与朱莉意识到了他们的关系存在一些大问题，杰里真的不太确定，朱莉是否是他想娶的女人。他对朱莉的不满，以及对于与非犹太教女性成婚的矛盾情绪，之前一直都被压抑着。在原来的关系中，母亲看不惯朱莉，而杰里则无所顾忌地维护朱莉。当萨拉不再干涉他们，并期望杰里做出最适合他自己的决定时，他与朱莉之间的问题反而凸显了出来。如果他们的关系建立在坚实的基础之上，那么他们此时的关系可能会变得更好。但事实明显不是这样。

◎萨拉与杰里

萨拉不再干涉儿子与朱莉后，她与儿子之间变得更平静、更坦诚了。随着焦点从第三方（朱莉）移开，她和杰里之间，还有一个重要的问题有待解决，即分离与独立。在一次治疗中，莎拉首次向我表露："无论有没有朱莉的出现，我已经在想，杰里准备离开家时，我会比较难过。一个成年男人到现在还和父母住在一起，这怎么回事？我想知道他离不开家是不是因为我有些不舍得他走。我自己从未真正独立于我的母亲，她反对我和保罗结婚时，我和保罗私奔了，我有好几个月没给她写信，我没有勇气对她说：'妈妈，我爱你，但我也爱保罗，这是我的人生。'我只是与她断绝了往来，不再面对这个问题。"

◎萨拉与保罗

保罗安静内向，他不太适应过多的亲密。妻子—儿子—儿子女友这个三角曾对他很有利，因为这使他避开了紧张的家庭矛盾，使他和妻子的心思都放在了操心孩子的事情上，少了对他们婚姻问题的关注。萨拉不再一心担忧儿子之后，他们被迫更加关注双方的关系，并直面婚姻中的冷漠与不满。最后，萨拉与保罗要求杰里搬出去，他们老了，想要充分享有自己的时间和空间。杰里自己搬去了公寓，但他还在试探父母的决心。当杰里发现他们不打算接他回去，没有他们也生活得很好时，他开始反省自己在工作与人际关系等方面为什么会失败。

操心“问题孩子”总能有效地掩盖潜在的婚姻问题，或是我们与父母、祖父母之间的关系问题。孩子对父母的关系像雷达一样敏感，他们会下意识地以自己履职不足的行为，帮家庭转移视线。“问题孩子”通常不自觉地代替了其他家庭问题，从而有效地抵御了潜在问题带来的焦虑。

◎萨拉与自己

萨拉过于操心杰里与朱莉，这妨碍了她组织自己的生活。当她从原来的三角中走出来，才忽然意识到有非常严肃的问题需要思考：她现在的重心是什么？在生命的这段时间，想要追求什么？莎拉开始直面自我。情绪集中在男人与孩子身上，从而回避自己的生活挑战，这是多么容易掉进去的陷阱啊，而我们所处的社会环境反而鼓励我们这样。

有没有设想过，如果你将自己的情绪精力放在履职不足的家人身上，一旦对方不再是个问题，要如何处理自己背负的担忧和愤怒呢？萨莎拉不再干预儿子的生活之后，开始为自己操劳。而杰里也开始操心他自己的事了。

第 9 章
勇者的任务

慢跑、冥想、吹风、静默、默数到10……

教你应对一时愤怒的方案有很多。有些专家会建议你尽快脱离原来的环境，另一些专家则会建议你做些别的。但从长远来看，你在某个时刻如何处理愤怒并不重要。重要的是，随着时间的推移，你能否在愤怒下明确自我，并发现处理原来的关系模式的新办法。已经清楚的是，如果不明智地让导致愤怒的旧模式继续下去，我们可能会走进死胡同。

如果你真想改变关系，你可能需要不止读一遍本书。在每一位女性的故事里，我都列举了“如何处理关系”各种练习。而如何在自己的生活中运用这些故事，就看你了。我列举的所有行为模式，在女性之中非常常见，通过她们，你肯定能多次重新认识自己。尽管如此，当你想要在人际关系中有所改变时，一开始可能不会很顺利。因为当你身处某种模式中时，放大视角去观察彼此的互动方式，改变自己的角色，都非易事。我在本章设置了一些练习，帮助你回顾之前所学的内容，作为你理解三角与圆圈舞关系的补充材料，并检测你改变人际互动的能力。你也可以同读过本书的朋友，或者与其他女性组成小组，分享你们的独到见解。

练习观察

多多观察自己通常如何处理愤怒。生气时，你会像卡伦对她老板那样，觉得受伤，哭泣，怀疑自己吗？还是像玛吉对她母亲那样，要么生闷气、服从，要么徒劳地指责对方？每个人都有自己处理愤怒与冲突的方式，尽管在不同的关系中会有所不同。比如，同样出现矛盾，你也许会同母亲吵架，疏远父亲，会在老板面前履职不足，寻求与男友的亲密关系。

在非常焦虑，非常有压力时，你通常怎样协调关系？我的典型方式大致是：当压力膨胀时，我会在原生家庭中履职不足（忘记生日，没有能力，最终会头痛、腹泻、感冒，或兼而有之）；而在工作中，我会过度履职（我会给碰到的每一个人提建议，并确信自己的建议无人能比；在当前的核心家庭中，我的身心都会疏远丈夫，会容易生孩子的气，责备他们。

如果你难以明确自己的典型做法，可以参考下面的指南。

◎追寻者

- 焦虑时，寻求更紧密的联系。
- 非常喜欢有什么说什么，表达感受，并相信其他人也应该这样做。
- 当亲近之人想有更多的时间与空间，或是想疏远时，会感到被拒绝了，并独自忍受。
- 当重要的他人希望保持距离时，会逼对方更紧，然后冷漠回避对方。
- 在关系中，消极地认为自己“太过依赖”“要求太多”。
- 喜欢指责对方木讷迟钝，不能容忍亲密关系。

◎疏远者

- 压力大时，感情上疏远他人，或需要更多的空间独处。

- 独立，靠自己——主张“自力更生”，而非“寻求帮助”。
- 难以表达自己的需求、展示自己的脆弱以及依赖他人的一面。
- 重要的他人会指责他们“无情”“退缩”“感觉迟钝”。
- 通过更专注于工作，来处理人际中的焦虑。
- 当关系分外紧张时，会完全断绝关系。
- 不被催逼或追赶的时候，最放得开。

◎履职不足者

- 他们通常在几个方面表现不好。
- 压力之下会无所适从，会轻易请求别人的建议、帮助，甚至全权解决问题。
- 无论在家里还是工作中，压力大时，会有生理或心理问题。
- 是家人讨论、担忧、关心的焦点。
- 被指责为“病人”“脆弱”“虚弱”“问题”或“不负责任”。
- 难以向亲密的他人展现能干、强大的一面。

◎过度履职者

- 不但知道什么对自己最好，还自以为怎样对他人最好。
- 受到压力侵袭时，会迅速干涉别人、提供建议和帮助，甚至接管问题。
- 做不到置身事外，任由别人处理自己的问题。
- 通过操心别人，避免担忧自己的问题和追求。
- 难以展现履职不足的一面，尤其在那些看似有问题的人面前。
- 常被贴上“绝对靠谱”或“常伴左右”的标签。

◎指责者

- 焦虑时，神经紧绷、爱吵架。
- 脾气暴躁。
- 花很多心思想要改变无意改变的人。
- 沉溺于争吵，以此暂缓压力，却无法改变现状。
- 认为别人应该对自己的所作、所为、所感负责。
- 认为改变的唯一障碍在于他人。

如我们所见，在做家务、带孩子和情绪体验方面，女性往往严重地过度履职。而在其他方面，我们被训练为追逐男性的履职不足者。在压力之下，男性通常会疏远其他人，我们即使不奖励这种做法，也总是谅解他们。男人和女人都知道抱怨，但女人往往较男人而言，似乎有很好的理由更喜欢指责。比如，文化鼓励女人弱化自我并甘处下风，这让我们深感愤怒；社会上的许多禁忌，妨碍我们认清自己的从属地位，并阻碍我们为此抗争；我们害怕会失去某些关系，并为此深感内疚。当芭芭拉的丈夫不“允许”她参加愤怒工作坊时，芭芭拉指责他，同时表现得履职不足（见第二章）。这是众案例中的第一个，它表明，虽然指责原本是为了反对现状，但反而使现状得以维持。它表明了指责与采取有效的立场的不同之处。

当思考自己的反应模式时，对于不同的处理方式，请不要以好坏对错评价，它们都是处理焦虑的不同方式。但如果不能观察并改变关系模式，当你愤怒并无法自拔时，采取上述任何方式的极端形式，都会陷入麻烦。

学会观察别人如何在压力下处理愤怒，协调关系。他们的典型做法与你的互动如何。比如，如果你过度履职，同时与另一个类似的人一起近距离工作。当压力较低时，你们会欣赏彼此的能力。但焦虑水平高时，对于由谁掌控、由谁决策、谁的做法才对等问题，你们会争得面红耳赤、不可开交（“你为什么自做主长，都不问问我的意见?”）。这种模式最有可能由两个长子或长女组成，当双方各有一个同性的弟弟或妹妹时尤其如此。如果你在爱情或工作方面履职不足，而对方也履职不足，较常见的情况会是，因为没有付清账单，也许是孩子哭时没人愿意下床这类小事，你们会愤愤地指责对方不够担当，做得不够。当一方过度履职，另一方履职不足（或是一方疏远，另一方寻求亲密），走到一起时，一旦压力袭来，战火同样会不断升级。

我们需要多多观察愤怒中的互动模式。当情况不妙时，退后一步，了解谁，何时，做了哪些事，结果如何。在你采取勇敢无畏的行为之前，培养自己的观察技能绝对很值！

勇敢起来

你可以制订一个计划，用不同的方式处理人际中的愤怒。当对抗发生，焦虑爆发，你可以参照之前的章节，选择一项能坚持冷静执行的特定任务。预测对方的行为反应，以及你会如何回应。即使你暂时难以坚持自己的立场，改变自己的处事方式仍是了解自我、了解关系的最好方式。只有改变关系之后，你才能真正理解这份关系。下面是一些例子。

◎打破圆圈舞

如果你正在爱情或婚姻关系中，追逐一个疏远者，可以重新仔细阅读第三章，看桑德拉如何打破追逐拉里的怪圈。如果你在孩子面前过度履职，可以重读第八章，观察凯斯勒夫妇如何改变与孩子的关系。如果你面对一个履职不足的配偶，可以回顾史蒂芬妮和简（第七章），或是芭芭拉与丈夫之间的关系（第二章）。提前决定你会坚持改变自己的立场多长时间（比如3周），再看看究竟会发生什么。

◎明确自我

当焦虑泛滥成灾时，不要批评或总想着改变别人，也别老想着吵架——想一两种办法，向家人更明确地表达自己的想法。对于某些人而言，展现自己的能力与强大，能够促进更为完整和均衡的自我。而对于另一些人而言，更需要勇气的做法，是告诉别人自己最近心情不好，在工作或人际方面遇到了问题。如果我们担任调解关系的角色，那就需要清晰地表达不同意见，并坚持自己，这样才能更进一步地明确自我。我们越是这样做，越能明白自己愤怒的原因，越能更好地使愤怒服务于自己。

◎恢复联系

如果你与某个家人断绝了感情联系，那么送上一张生日贺卡或是一份节日祝福，都非常勇气可嘉。需要铭记的是，从长远来看，人类与其他生物类似，不可能离了根，还持久兴盛。如果你与家人断绝了联系，那么在其他关系上，你会更紧绷，可能会过于激动。在感情上与某个重要的家人断绝联系，会导致潜在的焦虑，这种焦虑可能会在其他方面引爆愤怒的地雷。你需要勇敢一点，与家人保持联系。

◎三思而行，步步为营

如果你感到愤怒，在做任何事之前，先仔细考虑一下你的立场是怎样的。愤怒总是驱使人们立刻反应，而我们需要压制这种冲动。如果你立场不清，或是粗略想想就行动的话，很可能会摔跟头。

艾丽斯对前室友非常不满。这个室友一年前就搬到丹佛去了，但她还把很多东西放在艾丽斯的地下室。那里的储存空间挺大，但出于一些个人原因，艾丽斯想把那些东西搬出去。来自丹佛的一些借口让她越来越气愤（“我目前没有时间搬东西。”“天太冷了，不太适合搬东西。”）。长久以来，艾丽斯一直在她的前室友面前过度履职，帮助她脱离困境。目前的这种状况其实并不稀奇。

艾丽斯参加了一次我举办的愤怒工作坊之后，急切地赶回家，给她的前室友写了这样一封信。

亲爱的莱斯莉，

我对你放在我地下室中的东西意见挺大。也许因为是我自私、不讲理吧，但无论如何，我无法继续忍受了。3周之内，你如果不把东西拿走，我会把它们全部送给救世军。

此致

艾丽斯

莱斯莉没有把她的东西拿走，于是艾丽斯把它们送给了救世军。莱斯莉变得非常愤怒，歇斯底里。艾丽斯则因此内疚、懊悔、沮丧。这并不是说艾丽斯做错了。问题在于，她过快地决定并采取了自己并不适合的立场。凯蒂向她年迈的父亲重新设定限制的故事（第六章）表明：建立与我们的信仰和价值观相符的立场，需要时间和精力。这样一来，即使出现对抗，我们也不会感到过多的焦虑和不安，并坚持自己的立场。

不要忘记，长期以来，女人一直对他人的感受负责，牺牲自己照顾他人——有些替别人收拾烂摊子或代替别人感受，有些则为了不使别人感到受威胁，宁可表现得柔弱、没有主见、无能。有希望改变这种一贯的做法，但是困难重重。我们可以先从小事开始思考——一定要思考。

◎做好反弹的准备

在你准备改变关系模式时，不仅要准备面对他人的强烈反应，还要准备好自己内在的抵抗。伊丽莎白是一名律师，已经29岁了。她一直很生父母的气。觉得他们通过拒绝来她家做客，仍然把她看作小孩子。每次她邀请父母来家里做客时，他们都坚持带她去餐厅吃饭，还替她结账。当伊丽莎白准备改变时，她想了一个办法，想借此向父母表明，在她的地盘上，她才是主人，这很重要。她为父母准备了一席大餐，这能充分表明她很有能力、很成熟。令她惊讶的是，父母毫不保留地夸赞了她。

第二天早上，伊丽莎白醒来后非常沮丧，还感到头痛。她开始为自己失去了与父母之间原来的纽带感到伤心。这条纽带曾经保护着她，使她从融合的关系走向独立和更成熟的亲子关系时，不会感到过度的分离与孤独。在同一周内，她的父亲在高尔夫球场上摔了一跤，一条腿打上了石膏。我们应该有所准备，从而更好地应对来自外界和自己对改变的抵抗。如果你打算与某个家人形成更加成熟的一对一关系，请多读几遍“玛吉和她母亲的故事”（第四章）。怎样的行为才真正勇敢无畏，随着你对本书的理解，和你与朋友对本书的讨论，你将逐渐形成自己的想法。如果改变你的家庭关系或其他亲密关系，会带来很多焦虑。你也许可以从那些更有弹性、不太紧张的关系入手，比如身边的同事、邻居或朋友。无论你选择从何处入手，无论你选择什么方式，遇到愤怒时，你都可以参考以下该做与不该做的清单。

1. **看重某个问题时，一定要表达**。我们当然没必要指出所有的不公和愤怒。让一些事情简单地过去，是成熟之举。但如果压抑让自己苦涩、愤恨或难过，说明保持沉默不对。如果我们不能在自己觉得重要的问题上坚定立场，就会因此弱化自我。

2. **不要火上浇油**。大吵一架也许能够化解某些误会。但如果你的目的是改变根深蒂固的关系模式，那么没有比你在感到愤怒或紧张的时候表达自己更糟糕的了。所以，如果在交流的时候，你觉得自己很生气，可以说：“我需要一点时间整理思路，再约个时间讨论这个问题吧。”暂时退离问题，并不意味着冷漠或是断绝感情。

3. **多花时间思考问题，明确自己的想法**。在你准备说话之前，问问自己：“现在的情况哪些方面让我感到生气？”“问题真正出在哪里？”“我的立场是什么？”“我想要怎样结果？”“哪些人应该对哪些事负责？”“我具体想改变什么？”“我会做哪些事，哪些事我不会去做？”

4. 不要用“不正当”的方式。它们包括推诿指责、过度解读、诊断别人的问题、贴标签、分析别人的问题、说教、纠正别人、下命令、警告、质问、嘲讽、训诫。切勿以这些方式居高临下，贬低别人。

5. 用“我”表达。学会说“我认为……”“我觉得……”“我担心……”“我希望……”。在谈到自己的事情时，用“我”表述，而不是指责他人，这让人觉得不需要对我们的感受或反应负责。不要以假装的“我”或“你”如何如何的方式说话（“我觉得你控制欲强，以自己为中心。”）

6. 不要提模棱两可的要求。（“我希望你对我的需求更加敏感。”）要让人清楚地知道你想要什么。（“现在，你能做得最好的事，就是听我说话。我现在真的不想听任何建议。”）不要指望别人做你肚子里的蛔虫，知道你想要什么，做你没要求过的事。哪怕是爱你的人，也不能读懂你所有的心思。

7. 试着接受“人和人不一样”的事实。只有我们承认，有多少人就会有多少种看待世界的方式，才能脱离过分紧密的关系。如果总是为“谁才是对的”争论不休，你会偏离重点。不同的看法与回应方式，并非一定意味着有人“正确”，有人“错误”。

8. 不要进行无意义的辩论。不要总想说服别人认同你是“对的”。当有人不同意你时，你只需要说：“也许在你听上去觉得很疯狂，但这就是我的感觉。”或是“我知道你不同意，但我们可以有不一样的看法。”

9. 每个人对自己的行为负责。不要因为别的女人同你的父亲结婚，就怪她“不让你的父亲”理你。如果父亲与你关系疏远让你很生气，那你有责任解决这个问题。你父亲的问题是他自己的问题，不要怪他的妻子。

10. 不要教育别人，觉得他们是怎么想的、怎么觉得的，又应该怎么想、怎么感受。如果你改变了，对方生气了，你也不应该批评他们的情绪，说他们无权生气。最好可以说：“我理解你的愤怒。如果我是你，我也许也会很气愤。但我已经仔细考虑过了，我的决定就是这样。”一方有权感到愤怒，并不意味着另一方应该为此受到责备，切记。

11. 尽量不要通过第三方传话。如果你很不满弟弟的行为，不要说：“你没腾出时间去学校看我女儿的表演，她很难过。”你可以试着说：“你没来让我很生气，我真的很希望你能来，这对我来说很重要。”

12.“一击就跑”不会带来改变。在亲密关系中，变化的速度很慢。即使你做出了小小的改变，别人也需要多测试几次，看看你“是不是来真的”。在你将理论付诸实践的过程中，不要碰几次壁就非常沮丧。你会发现，如果开始改变时一切顺利，当事情变得难办，就会出问题。在改变的过程中，矫枉过正是常有的事，要对自己有耐心，你会有很多机会纠正自己，也可以再次尝试。

当然，最重要的是，在维持令人气愤的关系模式时，我们应该对自己在其中的角色负责。三角是最复杂的，也是最难处理的关系模式，我们来回顾一下这个主题。

远离八卦

如果你生苏的气，她是最先知道，还是最后才知道的？如果生你父亲的气，你会直接和他交流，还是告诉母亲？如果对前夫或儿子感到气愤，你会打电话向女儿诉苦吗？如果因为同事没有完成她的工作，你生气了，你会直接告诉她，还是会在她的上司面前“关心”她的工作？

当两个人八卦时，他们的关系以牺牲第三方为代价。这是另一种形式的三角。这样做可以降低焦虑，如果这种关系是暂时的，比较灵活，也许不会出什么问题。但如果三角深深地扎根了家庭、友情或工作之中，影响了个体之间的良好关系时，我们应该打破这些三角关系。

◎工作三角

假如在办公室，苏喝咖啡休息的时间过长，额外的工作落到了你的头上，你对此感到气愤。首先，你试着跟苏说明这件事，但她一开始很生气，和你争辩。随后，你叫住了在走廊里的萨莉，让萨莉也认同，苏确实自私、不公道。如果萨莉能很同情地听你说，你的焦虑会消失。这也许能帮助你冷静下来，想清楚怎样回去找苏，解决你们之间的问题。这只是一个暂时的三角，无损于任何人。

但假如你和萨莉继续在苏背后议论是非，这会妨碍你直接找苏解决问题。由于苏被你和萨莉孤立，你会觉得和萨莉走得更近了。你以这种方式发泄愤怒，没有解决你愤怒的根源。一旦此三角持续下去，很可能会出现下面的情况。

- 你与苏的问题会影响萨莉与苏的关系。比如，萨莉会更加疏远苏，或对苏反应过激。如果萨莉开始喜欢苏，她会觉得对你不忠。
- 苏的焦虑将会上升，她会开始在工作中更加履职不足。其中两人谈论履职不足的个体越多（而非各方直接处理这份关系），她们就会越发努力地变得强势、难对付。
- 你会越来越难以冷静而明确地与苏交流彼此不同的想法，越难获得双方都觉得最舒适工作关系。

如果你生苏的气，与萨莉讨论难道不能有所帮助吗？如果你是为了知道，萨莉对这个问题怎么看，如果萨莉表明自己的想法时，不偏袒、不针对苏、不批评任何一方，那么这个三角将会自动消失。但更典型的情况是，一开始的目的相当单纯，只是为了说明问题，了解苏为什么表现得那么差劲，可结果却变成了相互批评，使三角更加根深蒂固。背后谈论某人并不会帮助改善某人的表现。在你与别人发生冲突时，卷进来的外人越多，你越不可能最小化焦虑，越难尽量以明确的方式解决冲突。

为避免在工作中形成三角，我们可以选择做一些事，不做另一些事。下面是一些建议，同样适用于友谊或家庭关系。

1. 生谁的气，就告诉谁。即便苏抗拒你、不配合你、反应很粗鲁，你该面对的人仍然是她。面对她并意味着找她泄愤，而是说你可以充分利用在本书中的所学，直面苏解决问题。

2. 如果你想报告上司，务必保证光明正大，并找到合适的渠道。比如，卡伦（第五章）若是要求老板把她的工作评定从“非常满意”改为“超级出色”，在老板不答应的情况下，她可以遵循正规的程序，通过第三方复审她的评定结果；她也可以告诉老板，自己打算越级上报，以及这样做的原因。如果你能公开地引入第三方，保证其级别得当，也许完全可以避免形成三角，造成更长期的愤怒与压力。

3. 从你自己的角度把愤怒表达出来。无论是对下级还是上级，不要引入匿名的第三方，比如说：“有人觉得很难与你共事”“有人抱怨你态度不好”。不指名道姓的批评，会给别人带来焦虑，这样做既不公平，也不会解决问题。如果你和某人之间有问题，要以“我”进行表达（“我认为……”“我觉得……”“我想……”“我担心……”），也要让别人有机会说出自己的想法。

4. 不要制造秘密。如果你害怕让某人（埃斯特）知道，是你在背后说他的闲话，说：“埃斯特，汤姆对大家说，你对顾客不够热心。”埃斯特肯定会直接去找说闲话的人澄清。如果你想让某人保密，如：“埃斯特，不要告诉汤姆是我告诉你的。”那还不如什么都别说。

5. 不要当别人三角里的第三方。如果有人向你抱怨，你可以同情他，听他诉苦，但不要袒护谁，责怪别人。我们通常不会碰到这种事。但只要加以练习，即使遇到了也不难处理。不要迅速与某人达成联盟，最重要的理由在于：如果你保持冷静，置身事外，同时在情绪上与别人保持联系，对方才更有可能就冲突双方的不同想法互相交流，解决愤怒与矛盾。

这种关心并中立的立场，就长远看，是所能采取的最有益的立场。因为这样有助于促进解决他人之间的问题。例如，假设你是埃丝特的上级，汤姆向你抱怨说埃丝特对待顾客很无礼。你首先可以鼓励汤姆直接找埃丝特解决问题。如果汤姆说："我已经跟她说过两次了，但她不听。"你可以逗逗他，鼓励他抓着埃丝特的衣领，做第三次尝试。或者，当你看到埃丝特时，可以轻描淡写地说："嘿，我觉得汤姆对你有意见。何不去见见他，把问题解决。"如果你能坚守低调、没有反应、没有批评的立场，如果你表现出相信双方能够解决他们之间的问题，埃丝特与汤姆很可能会做得很好，出乎你的意料。

◎家庭三角

你刚打扫完厨房，电话响了，是母亲打来的。她听上去很疲惫："你知道你弟弟乔做了些什么吗？他又开始喝酒了，他的工作又要保不住了。他到底什么时候才能长大，什么时候才能找到自己的人生啊……"或是说："我很生气，你父亲不为你妹妹上大学付任何费用。他总是很穷，娶了黛比之后更是这样。"

你会怎么做？

立场1——你被母亲的愤怒感染，加入批判的队伍。又或者，你先是同情地听着，然后在接下来的10分钟里，和母亲一起讨伐乔或抠门的父亲。

立场2——你为另一方辩护："妈妈，要不是你老挡在乔的前面，帮他摆平各种问题，他也不会落到今天这个地步。”或是：“你并不了解父亲现在的财务状况。”

立场 3——你尽量保持中立，并提了些建议。你也许还会在一方面前，解释另一方，想让母亲更“客观”“理性”一点。

立场 4——母亲让你的立场有些难办，你心里憋着一股气。你暗暗地下决心，以后尽量避免和她接触，她太难应付了。你甚至计划搬到阿拉斯加去住。

你出现过上述的一种或多种反应吗？让我们仔细看看这些立场。

立场 1——你和母亲的关系变亲密了，但代价是孤立了弟弟或父亲。你与母亲联合起来指责其他家人。

立场 2——母亲会觉得被你孤立了，她可能会把自己的怒气撒向你，认为你没有支持她，没有认清“事实”。你指责母亲，同时袒护对方。

立场 3——你像个家庭治疗师一样，想要帮助双方，但这不太可能。你母亲要么会忽略你的建议，要么会说这些建议不管用。你是三角中“修复关系”的和事佬。

立场 4——为了减缓自己的压力，你想回避母亲，但从长远来看，问题并没有得到解决。相反，你会在其他方面情绪紧张，感到气愤。在此三角当中，你责怪并疏远母亲。

* * *

如果这些三角只是暂时的，灵活可变，并不会有什么问题。

但正如凯斯勒家族那样，三角关系可能会变得顽固。作为女儿，我们经常被卷入母亲与其他家人的三角之中，比如同父亲（如果他们只是离了婚，感情上并没有疏远对方，这样的三角尤其会关系紧张）、外祖母或是兄弟姐妹。只要卷入这些三角，我们和母亲的关系就会受到另一份关系的影响。当三角出现矛盾时，会有许多愤怒和压力袭来，但问题本身往往被忽略。此外，三角并不是别人施加给你的。三角是三方彼此互动的结果。任何一方都可以从三角中走出来，不过，要做好准备，承受这样做的焦虑。

如果你能处理一部分原生家庭的三角问题，这不仅能帮助你处理愤怒，还能帮助你处理其他人际关系。要不要试试呢。同往常一样，第一步是观察。

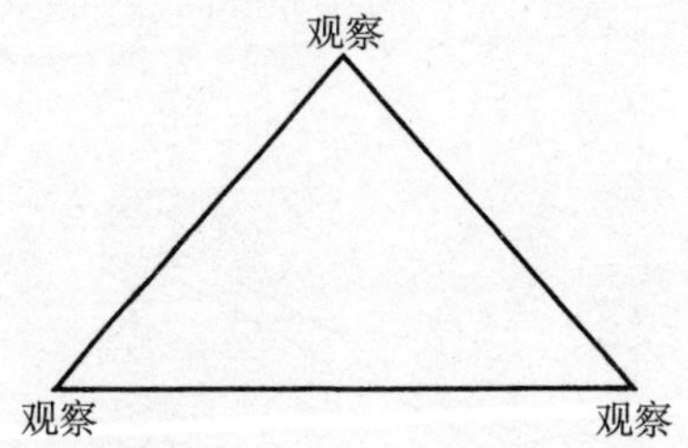

◎修炼你的观察技能

观察自己在家庭三角中的位置时，你可以通过画图表示。例如，当母亲打电话问，“你知道你弟弟乔在做什么吗”，你可能会卷入由你、母亲和弟弟组成的三角之中。

当事态平静时，你与母亲讨论乔的问题（立场1）。她与乔之间关系疏远，彼此相安无事，因为母亲通过与你讨论，而非直面儿子，缓解了自己的焦虑。你与母亲关系能亲密平稳，这是因为你都在注意弟弟的问题，而没有明确你与母亲之间的问题。这里的三角如下：

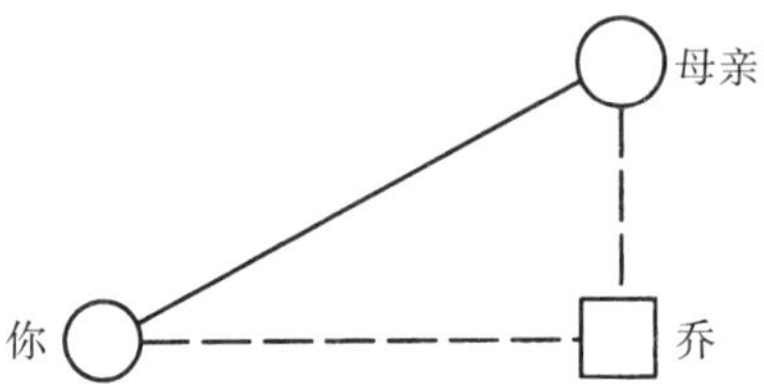

当压力升高时，母亲与弟弟之间会直接爆发冲突。那时，你可能会在三角中充当和事佬，想帮助他们（立场3）。你可能对弟弟说："妈妈真的很爱你。"也会建议母亲："乔需要你的支持。他并不坏，只是在试探你忍耐他的极限。"当三角中的母亲与弟弟之间出现冲突时，你与他们两人的关系都会变得紧张。这里的三角如下：

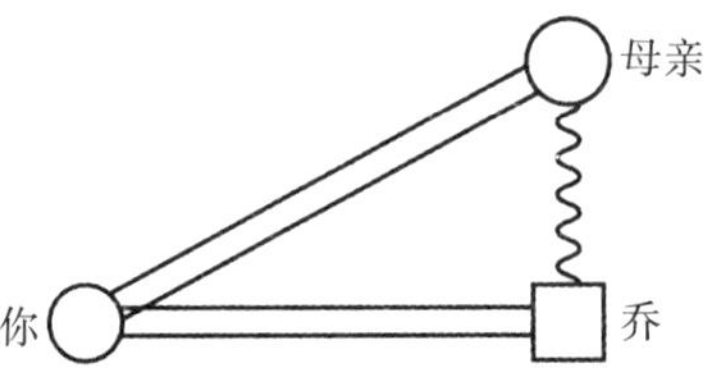

如果冲突再次升级，三角关系可能再次变化。母亲会觉得你没有有看清弟弟的"真相"，对你感到气愤；乔会因你没有与他一起对抗母亲，对你感到愤怒；而你会因他们对待你的方式或他们对待彼此的行为，而对一方或双方感到愤怒。你们都将互相指责，三角的每一种关系都会起冲突：

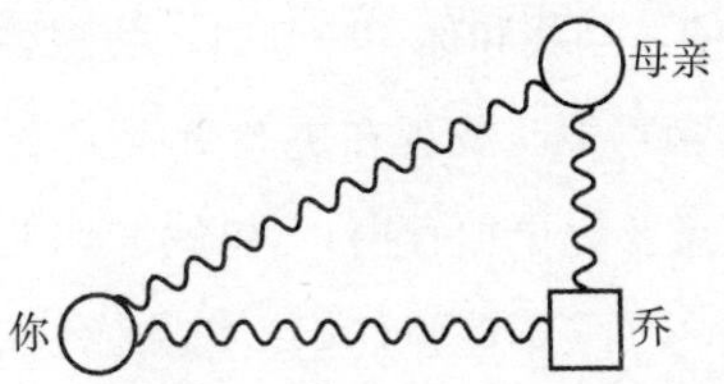

现在，你能界定你自己在家庭三角中的位置了吗?“乔”也可以是你的父亲、祖母、表亲或是姑妈。如果你觉得“这不是我家庭的情况”，不妨再反复想想，真的没有类似的情况吗?

如果你的任务是脱离三角，应该如何回应母亲的电话?合上书，想清楚自己会如何回应她，然后再往下看。如果理不清头绪，请重读第八章。

◎脱离三角

当母亲打电话谈论乔时（或是乔打电话来谈论母亲时），你可以漫不经心，表示自己并没有兴趣。三角的驱动力是情绪化和焦虑（包括我们自己的）。因此，你的表现越无所谓越好。你可以说:“我不清楚乔想干什么，也不知道这是怎么回事。我不知道自己该说什么，还说点别的吧，你最近都忙些什么呢?”当某一方向你施压，要你提供建议或明确立场时，你可以无动于衷。你只要表明，你相信他们即可:“我真的不知道发生了什么。但我很爱你们，相信你们能把问题解决。”如果母亲追着弟弟的话题不放，你可以不带指责、更加直白地说:“妈妈，也许我有点自私，但我不想把弟弟卷进来，我希望我们在一起的时候，把时间花在我们自己身上，聊聊我们生活中的事情。我知道你和他闹得不太愉快，但我真不知道怎样帮你们，这样反而会浪费我们共处的时间。当我和你在一起时，我想聊聊你；我和弟弟在一起时，我想聊聊他。我现在更想听听关于……”在极顽固的三角中，可能需要你更加直白，“妈妈，你老是对我说乔（或爸爸），我再也受不了了。我爱你们，想和你们都保持好的关系。我帮不了忙。你一说起他，我就紧张。”

你具体选择哪些用词并不重要，重要的是你能否坚持以热心但平和、不做任何判断的方式和他们交流。你可以很平静地表明，你很看重和他们的关系，但对他们的争执，你不会提供任何帮助或建议，认为是谁的责任或批评谁。改变一种关系模式绝不是一次性的，而是日积月累的——关系过于紧张时，情况可能会脱轨，然后又会再次回到轨道上来。

◎做哪些，哪些不做

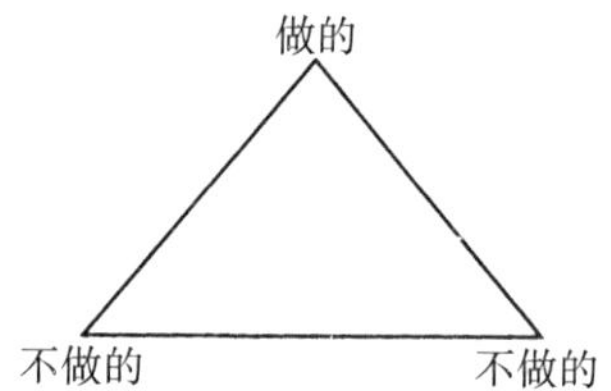

在家庭三角中，如果你像上例中的母亲一样，处于指责别人的立场，需要记住哪些事可以做，而哪些不能。置身于别人的矛盾之外很困难，把别人排除在我们的冲突之外也需要勇气。以下建议适合你的任何关系。

1. 如果你生家人的气，你应该直接对这个人生气。如果你的想法是“我都试了，不管用”，也许你应该重读本书，改变自己的做法。如果困在令你不满的关系之中，想和别人讨论是哪里出了问题，可以找直系家庭以外的人——这个人不应该与你愤怒的对象有任何直接关系。如果你能向有过类似经历的女性亲属倾诉自己的困难，深入了解她对问题的处理方法，这也许能够帮到你，而不是让你一味地指责别人。

2. 不要把孩子（或成年的孩子）当作婚姻治疗师或知己。不要对孩子抱怨父亲的不是，来“保护”孩子，哪怕你确信这会帮助他们知道“真相”。孩子不需要。他会通过主导自己的人际关系，了解家庭关系的事实。

3. 不要将隐私与秘密混为一谈。每代人都需要隐私。在父母面前，兄弟姐妹需要隐私，父母也有自己的隐私。但是，不同代人之间的秘密，却是三角关系的重要迹象。（“别告诉父亲你做了流产，他会非常气愤。”“别告诉妹妹爸爸失业了，她会告诉邻居。”“爸爸，我和亚历克斯同居了，你可千万别告诉妈妈。”）我们怀着非常高尚的动机（某人无法接受这个事实），但结果是以某一方为代价，拉近了与另一方的距离。如果有人让你保守秘密，你应该让他知道，这样做会让你不舒服。

4. 让家人自由地表达想法的同时，面对自己的冲突，不要让别人偏袒你，帮你指责对方。你可以对母亲或孩子说：“弗兰克和我的婚姻确实遇到了一些困难，我们意见不合，但正在努力解决问题。”这与你和某个家人联合起来完全不同。如果小苏西说：“爸爸威胁说，要跟你离婚。”你可以对苏西说：“我现在是非常生你爸爸的气，但这是我的事。你的任务是尽量和我、和你爸爸保持好的关系。”

以上内容告诉我们，应该与每位家人保持个人对个人的关系——分别处理你的愤怒与关系问题。你也许对前夫或不成器的妹妹感到十分气愤，但尽量不要因此妨碍其他家人与他们保持良好的关系。长远来看，这样做不仅会让其他人同情你，也会让你免于过度的愤恨，那只会让问题停滞不前。

了解你的家庭

凯蒂的故事（第六章）表明，向家人表达自己的困难，并征求她们处理类似问题的经验，我们会受益匪浅。

如果你从来没有尝试过这样做，读到凯斯勒家的故事时（第七章），绘制一张你自己的家族图谱。你会惊讶地发现，原来有那么多你不知道的事——你父母的兄弟姐妹的排行、结婚日期、祖父的死亡、原因和日期。如果你仔细研究这份家谱，你会惊讶于自己与家族之间的联系。比如，你可能会注意到，你和弟弟冲突不断，而那一年刚好祖母的身体状况开始急转直下——这也许表明，你与弟弟冲突，反映了当时家庭长期以来的高度焦虑。你越是能宏观地了解几代人的生活背景，就越不可能轻易地指责或诊断别人。

很多人自以为了解自己的家庭背景。每个人确实都有讲给别人听的家庭故事。这些故事也许会赢得赞赏（“你母亲真是个奇女子！”），或招来愤怒（“你父亲那样对你，实在太糟糕了！”），或引起同情（“你的童年真是太不幸了！”）。我们在一生中，也许会把这些故事讲述一遍又一遍，解释那些我们想要理解的事情（“我母亲总是瞧不起我，所以我的自我感觉才会这么差”）。但这些故事，以及我们所做出的解释，并不能替代对家庭的了解。比如，你也许可以问与父母、祖父母及其他亲戚相关的问题，请他们讲述自己的经验。我们大部分人都会对其他家人做出各种反应，但不一定了解他们。

你可以以凯斯勒的家族图谱为例，制作自己的家族图谱。典型的信息包括所有家庭成员何时出生、死亡、结婚、离婚（如果有的话）、生病，以及最高的教育水平与职业成就。尽可能多地追溯几代人。这听起来有些无聊烦冗，但一旦你执行这项任务，会讶异于自己了解到的信息。也许你会在你收集信息的过程中，与你的家人重新建立联系。不要因为“疯婶珀尔”或“不成器的表亲乔”履职不足，就把他们排除在外。每个家人都有其独特的观点，如果你真的感兴趣，并尊重他们，他们会迫不及待地向你表达。

更多地了解家庭背景当真是无畏之举吗？当然。放弃对家人的陈见并不简单。无论我们是对某个家人感到愤怒，还是视另一个人为偶像（一回事），我们都不希望因为“某个人的真面目”这类抱怨，妨碍家庭的凝聚。通常我们也不愿公开询问家庭中的禁忌话题，比如婶婶为何自杀或祖父的酗酒问题。问题在于，埋没真相、掩藏问题会让我们充满幻想，变得容易情绪化，也使我们在不可避免的压力下，反应过于强烈，并深陷其中。

家庭的关系模式与尚未解决的问题会代代相传。它们会留存在我们身上，并表现出来。我们知道的家庭历史越少，与家谱上的人感情交流越少，就越有可能重复那些很想避免的行为模式。古语不是说，“不知者无罪”吗？——对家庭的研究表明这并不适用！长远来看，正是与家人分享经验，正是通过向他人学习，我们降低了焦虑，明确了自我，能够更加冷静而明确地面对所有的人际关系。“但我的父母不会和我讲！”收集家庭信息的技巧是可以通过练习学会的，你的询问方式决定你的收获。

◎勇于询问

挑选一个可以引发情绪的“热点话题”，这也许是两性、婚姻、癌症、成功、减肥、嗜酒或查利叔叔。如果是关于你和母亲的“问题”，也许一涉及此，你就会生气，感到“揪心”。也许这些日子里，这个话题很少出现，因为你采取了“我不想谈这个”的强硬立场。

这个时候，你的勇气在于就这个话题开展一场真正的对话，分享一些自己的事情，并询问其他人的想法和情况。你询问的关键任务，是了解前几代人的哪些经历，让某一问题“挑起他们的兴趣”。只有通过广泛收集家庭背景资料，你才能停止对家人的愤怒，学会同情对方的处境。我们可以看看几个具体的例子。

假设“热点问题”是你还单身，每次你一回家，母亲都会围着你还不结婚的问题喋喋不休。你应该怎么办？

首先，平静地表达你的立场，比如：“妈妈，我知道你很担心我还单身，其实我自己有时也会担心这个问题。我不知道是自己害怕承诺，还是我的他尚未出现，还是因为我不想结婚。我还没有搞清楚，但我正在努力。”如果你履职不足，不要谈论这个问题时，表现得脆弱无助；如果你过度履职，也要避免过于胸有成竹，一副不需要任何人的帮忙的样子。

其次，你可以问问母亲，家庭里有哪些女性还大龄单身。你可以明确自己目前对任何解决方案没有兴趣，只对母亲的看法和经验感兴趣，防止她给你提建议，帮你解决问题。你可以问母亲很多问题，比如：

“我一直想知道，你觉得结婚是对还是错呢？这个问题难倒过你吗？如果有，你后来得到了什么样的结论呢？”

“如果我不结婚，你对我有哪些顾虑？”

“如果你没有结婚，你的生活会有哪些不同？你觉得自己会做什么工作？”

“我外婆对结婚是怎么想的？如果你一直单身，外婆和外公会做何反应？”

“露丝姨妈不结婚，反而一心经营事业，外公外婆曾有何反应？”

“在我们的大家族中，有谁不结婚？你觉得他们是如何生活的？”

这些问题可以打破原来的交流模式，帮助你以更加成熟独立的姿态与母亲建立联系，直接讨论婚姻问题，更加了解自己和家庭历史。你还会从中学到家人以前接受了的变通方法，并准备好应对母亲将来对这个问题的反应。

现在，假设家里的“热点问题”是母亲只关注你哥哥的成就，忽略你的才干。同样，你的任务是表明自己在这一方面遇到的问题，请母亲分享她的亲身经历和看法。最有用的做法是问一些问题，了解在上一代人中，母亲与她的家人如何处理类似的问题。比如，可以给母亲写一封信，告诉她你在工作上很难取得成就，你过分看重别人的看法。然后问她：

“外公外婆怎样看待你的才能与成就？”

“家里人觉得你聪明吗？”

“你的兄弟姐妹哪些被认为很聪明，哪些不聪明？”

“你想过上大学吗？外公外婆如何看待你的这个想法？”

“如果你很早就开始工作，什么事业会是你的第一选择？

“你当时觉得自己会成功吗？你想过自己在事业上可能会遇到哪些麻烦吗？”

“为什么舅舅可以上大学，你不可以？你对此怎么想的？”

“你长大的时候，承担了那么多的家庭责任，你对此这么想的？”

“外公外婆认为自己聪明能干吗？他们也这样认同对方吗？”

如果你培养了询问的技巧，首先分享一些自己遇到的问题，并对他人解决类似问题的方法表示感兴趣，你会发现家人通常很乐意分享自己的经验。父母或祖父母并不会认为，需要告诉晚辈他们的亲身经历。他们只会说些他们认为我们应该听的，或是对我们有用的。除非你很善于提问，否则他们不太可能把自己的真实经历告诉你。

* * *

最后谈谈如何处理与父母的关系：如果你贸然接近原本较

为疏远的家长，通常是父亲，但并非总是，向他表达更多，总是询问他的情况，你会觉得自己背叛了另一位家长。与父亲之间一直保持的那段距离，往往引发了我们的愤怒（“父亲丝毫不关心我”）；与此同时，我们却积极地（尽管可能自己意识不到）继续在家庭三角中孤立他。

鼓起勇气！只有与每个家人建立一对一的关系，不“孤立”某一方时，我们才能明确自我。另外，对于你的改变，家人一开始越是疏远，你越是应该与他们保持联系。他们对抗是因为焦虑，而不是不爱你。所以，姿态放低一点，坚持与他们联系。从长远来看，别人如何反应并不重要，重要的是你如何在人际关系中明确自我和个人立场。

The Dance of Anger

…

结语

超越自助

“塑造自我”“做真正的自己”终究是一个人的旅途。其他人也许想帮你一把，你也许会主动求助于他们，但终究只有你自己才能完成这个过程，最终明确自己的想法、感受和信仰——现在，我们尚未实现这一目标。为了达成目标，我们需要独立，但这并不意味着单独完成这个充满挑战的任务。只有通过我们与他人的联结，发现关系中不一样的自我，改变才有可能发生。

如果你认为，我在本书中提供的自助建议表明，我们能够快速而轻松地转变自己——比如，认为只要全心遵照书中所写，就能永远地幸福生活，那么本书可能会让你失望。我当然希望，对于长久以来的愤怒，这本书带来了一些新的见解；采纳书中的一两个练习，就能显著改善你的生活。但如你我所知，书中讲述的女性，是在长期心理治疗的帮助下，才逐渐实现了持久的改变——要实现这一点，挫折与反复不可避免。

如果你认为，一切都要“自己来”，把其他女性排斥在外，那么这些自助建议可能反而会对你有害。本书从头至尾，我一直在强调，向家族中的女性表露自己的苦衷，以及了解她们的经验非常重要。我想补充的一点是，投入女性这个大家庭的怀抱，表达真实的自我，学习她们的经验也十分关键。只有重新与她们联结，相互分享，我们才能亲身体会到彼此的异同，才能冲破关于女性的迷障——那些由社会主流文化创造、家庭灌输、最后被我们内化的刻板印象。在第二波女权主义运动来临之前，我们默默忍受愤怒的煎熬，只知道怪自己“我这是怎么回事？”但联合其他女性，我们可以不必再质疑自己，而是质疑那些强加给我们的老套的规则与角色。

最后，自助建议可能带来的风险是，我们过分狭隘地关注自己的问题，而忽略了造成和延续问题的社会环境。这本书写的是个人的愤怒和改变，但正如女权主义教我们的，“个人即政治”。这意味着，我们亲密关系的形态，与社会文化的方方面面如何定义、尊重和支持女性息息相关。停滞不前的社会塑造停滞不前的关系。因此，单个女性改变自己的个体关系远远不够。如果我们不去挑战并改变相应的社会规则——那些在“家务事以外的天地”使女性处于从属位置、弱化自我的规则，哪怕是在“家务事之内的领域”，女性也会问题不断。

有许多先锋女性正在勇敢地改变自己和社会——不得不做先锋，因为并不存在教我们利用愤怒改善关系的先例。不论是婚姻的战场，还是不断升级的核武器竞赛，一直以来，男人女人都惯于指责别人，而非理解关系的模式。我们的挑战在于，在牢牢紧握那些珍贵的女性遗产和传统的同时，读懂自己的愤怒，改变自己。如果能做到这样，我们必然是最好的先锋。

注　释

第 1 章　愤怒带来挑战

1. 心理治疗师特蕾莎·贝娜德兹是探究哪些阻力妨碍女性表达愤怒、叛逆与抗议的第一人，她详尽地描述了这些阻力会导致哪些心理上的后果。Teresa Bernardez-Bonesatti's " Women and Anger: Conflicts with Aggression in Contemporary Women, " in the *Journal of the American Medical Women's Association* 33 (1978):215-19. See also Harriet Lerner's " Taboos Against Female Anger, " in *Menninger Perspective* 8 (1977): 4-11, which also appeared in *Cosmopolitan* (November 1979, pp. 331-33)
2. 西奥多·艾沙克·鲁宾，"表达一切" 理论的有名的支持者，著有《愤怒之书》(*The Angry Book*)。

   卡罗尔·塔弗里兹的《愤怒：被误解的情绪》(*Anger: The Misunderstood Emotion*)，可从此书中了解对鲁斌理论的评论，并全面理解愤怒。

第 2 章　旧舞步与新舞步的对抗

1. "履职不足" 和 "过度履职" 的概念出自鲍温的家庭系统理论。但默里·鲍温低估了性别刻板印象的长远影响。如想全面了解鲍温的理论，请参看 Michael Kerr's " Family Systems Theory and Therapy,"

in Alan S. Gurman and David P. Kniskern, eds., *Handbook of Family Therapy* (New Youk: Brunner/Mazel, 1981), pp. 226-64.

2. 在吉英·贝克米勒于 1976 年出版的《女性心理新编》(*Toward a New Psychology of Women*)一书中，人性经验中的脆弱特点由女性携带，而被男性拒之门外的问题得到了详尽阐述。
3. 尽管女性被贴上“依赖他人”的标签，我认为她们还不够“依赖”。相反，大多数女人都过分照顾别人的需要，远多于认识并满足自己的需求。路易斯·艾兴鲍姆和苏西·奥白克在 1983 年出版的《女人到底要什么》(*See What Do Women Want*)一书中，阐述了女人如何逐渐习惯于被别人依赖，如何忽略满足自己情绪需求的权利。
4. 了解更多关于“分离”与“结合”力量的专业阐释，请参看 Mark Karpel's “From Fusion to Dialogue,” in *Family Process* 15(1976):65-82.
5. 吉英·贝克米勒（同上，1976）描述了女性为何害怕自己的自我与成长会破坏甚至毁灭亲密关系。
6. 对抗与还原问题，参看 Murray Bowen, *Family Therapy in Clinical Practice* (New York: Jason Aronson, 1978), p. 495.

第 3 章 夫妻关系的圆圈舞：生气解决不了问题

1. 保罗·沃兹拉维克、约翰·威克兰德和理查德·菲什讲解了人性中“好心带来坏结果”的现象。参看 Chapter 3 of *Change* (New York: Norton, 1974).
2. 婚姻关系中的疏远与追寻关系在家庭关系的文献中被反复讨论，很难说它源自哪里。可参看 Philip Guerin and Katherine Buckley Guerin's article, “ Theoretical Aspects and Clinical Relevance of the

Multigenerational Model of Family Therapy," in Philip Guerin, ed., *Family Therapy* (New York: Gardner Press, 1976), pp. 91-110. Also see Marianne Ault-Riché's article, "Drowning in the Communication Gap," *Menninger Perspective* (Summer 1977, pp. 10-14).

第 4 章　挑剔的母亲令人愤怒：玛吉的故事

1. 关于家庭中疏离与断绝情感的问题，参看 Michael Kerr's article on Bowen Family Systems Theory (op. cit., 1981).
2. 关于母女关系，参看 *Mothers and Daughters*, by E. Carter, P. Papp, and O. Silverstein (Washington: The Women's Project in Family Therapy, Monograph Series, vol. 1, no. 1). See also (by same authors) *Mothers and Sons, Fathers and Daughters* (Monograph Series, vol. 2, no. 1, The Women's Project, 2153 Newport Place, N.W., Washington, DC 20037).
3. 从社会层面考虑，当处于自我弱化或从属地位的一方上升到更自主决断的地位时，情感阻力（"你这样不对""变回去"等）就会出现。比如，女权主义者被认为是自私的、被误导了、神经质，人们对她们追求自我决断的努力进行警告，这样会有损男性尊严，会伤害孩子，危害美国家庭的根本。在家庭和社会体系中，要做到保持感情联系，同时坚持立场，对抗无效的争吵和情感断绝的威胁，确实非常困难。
4. 在家庭关系中"以不一样的方式处理问题"，可参看"Family Therapy with One Person and the Family Therapist's own Family," by Elizabeth Carter and Monica McGoldrick Orfanidis, in Philip Guerin's book *Family Therapy* (op. cit., 1976).
5. 玛吉的故事告诉我们，我们由于无意识地相信，自己的进一步成长和自我决断会伤害其他家人，并因此放弃自主与改变。它说明了家庭如何施加改变的阻力，我们可以由此了解人为何抗拒改变。更深入地了解这个问题，可参看 S. Lerner and H. Lerner's " A Systemic Approach to Resistance: Theoretical and Technical Considerations," in the *American Journal of Psychotherapy* 37 (1983):387-99.

第 5 章　愤怒的指引：自我明确之路

1. 感谢托马斯·戈尔登对"我发出的信号"概念的独特见解。我非常推荐大家阅读《父母效能训练手册》(*Parent Effectiveness Training*) 一书，我们可以从中学会交流与亲近的典型方式，不仅限于父母与子女之间，也适用于其他成年人之间的关系。
2. 卡伦的故事最早发表于 1983 年的《上班族的母亲》(*Working Mother*)，"好或坏：如何处理工作中的愤怒"(Good and Mad: How to Handle Anger on the Job)。
3. 女性如何无意识地畏惧自己"无所不能"的愤怒破坏力、如何将愤怒转化为恐惧与"眼泪"，请参看 Harriet Lerner's " Internal Prohibitions Against Female Anger," in the *American Journal of Psychoanalysis* 40 (1980): 137-47. Also see Teresa Bernardez (op. cit., 1978).

   许多心理分析学者与女权主义思考者认为，其实两性都畏惧女性的愤怒，这种畏惧可以追溯到生命早年对女性（尤其是母亲）的无助依赖。他们认为，除非养育孩子的工作被父母以更均衡的方式分担，否则这种非理性的恐惧会延续下去。
4. 我明确指出，应该"放弃责备他人，不要总认为是别人导致了自己的问题，认为是别人无能给自己提供幸福"，但愿这一点没有被大家误解。在此处以及整本书中，我所指的指责，是那种不能给关系带来任何好转的无效指责。它与其他导向的解决问题的愤怒不同。表达对于歧视与不公的愤怒不仅有利于自尊，也能促成个体与社会的进步。特蕾莎·贝娜德兹（同上，1978 年）总结了获得表达愤怒的自由、为自己的利益抗争的重要性。

第 6 章　两代人之间：凯蒂与她越来越老迈的父亲

1. 当假定“凯蒂出了问题”时，这并非有意模糊个体的困境根植于社会环境这一事实。“谁来照顾年迈的父母”这样的问题也不能通过单个个体的心理治疗得以解决。改变的关键之一，是创造一个合作有爱的社会，充分满足人类的需求，包括老年人的。尽管社会与制度的改变并非本书的主题，但社会制度的确塑造了我们亲密关系的困境。
2. 关于女性被指定为“照顾者”角色导致的问题的独到分析，请参看 Jean Baker Miller (op. cit., 1976)。
3. 收集个人的情感遗产，包括大家庭中的一些事情，是鲍温家庭系统理论中的重要部分。根据这个理论，在实际的临床治疗中，个体在弄清楚由多代人构成的家庭关系的发展过程，以及自己在其中的位置，在对此形成冷静、客观的观点之前，不应当轻易着手于棘手的家庭问题，或改变与父母的互动方式。

第 7 章　每个人应承担怎样的责任：最棘手的愤怒之源

1. 感谢梅里迪斯·提图斯提供的斜坡滑雪的经历。
2. 兄弟姐妹的排行如何影响个人的想法，取决于许多因素，包括兄弟姐妹之间相差的岁数、父母在原生家庭中的排行等。沃尔特·托曼《家庭系统排列》（*Family Constellation*, New York: Springer, 1976）一书，尽管他对女性的描述有一些经不起推敲的偏颇，但很有信息量，读起来也非常有趣。

3. 丽萨在家务活上遇到的难题也反映了个人困境与社会环境之间密不可分的关系，如果不是女权主义运动、许多女性集体的愤怒与抗议，丽萨也许根本不会意识到自己在家务上的不满。当她因为家务事感到疲惫或不满时，可能反而觉得自己的这种感觉不对，并使她加深了"调整自己"的信念。当我们尽最大努力定义关系中的自我时，什么是对的，怎样做才是"自然的"、适合女性角色的……这些方面都会受到强大的社会文化的影响。
4. 感谢凯瑟琳·格莱恩肯特对于履职不足—过度履职两极关系的指点。
5. 我推荐家长阅读托马斯·戈登的《父母效能训练手册》（*Parent Effectiveness Training*），学习如何与孩子交流，而非采取一种"救助""解决问题"的态度，尤其推荐"积极倾听"一章。

第 8 章 三思而行：走出家庭三角

1. 关于三角关系（鲍温家庭系统理论的核心概念）的大部分知识，都来自凯瑟琳·格莱恩肯特。
2. See Rosabeth Moss Kanter's book *Men and Women of the Corporation* (New York: Basic Books, 1977) for an excellent analysis of tokenism and the special problems of women who are numerically scarce individuals in a dominant male work culture. For shorter reading, see Kanter's article "Some Effects on Group Life," in the *American Journal of Sociology* 82 (1977):965-90.

3. 如何构建家庭图谱，并据其理解人类行为的视频，请参看 *Constructing the Multigenerational Family Genogram: Exploring a Problem in Context* (Educational Video Productions, The Menninger Foundation, Box 829, Topeka, KS 66601).
4. 对于凯斯勒家庭的心理治疗在很大程度上以鲍温的家庭理论为基础。尽管我已经尽自己最大的可能，强调了改变的过程，但值得注意的是，这些改变是在很长的时间内达成的，并且有心理治疗师帮助系统地梳理问题的家庭根源。
5. 讲解基于鲍温家庭系统理论的临床工作，请参看 *Love and Work: One Woman's Study of Her Family of Origin* (Educational Video Productions, The Menninger Foundation, Box 829, Topeka, KS 66601).

第 9 章　勇者的任务

1. 我们当然希望能支持其他女性，和她们联合起来共同实现一些有意义的目标。关于组织系统中联盟与对立的差别，马拉·塞尔维尼·帕拉佐利做了简要的说明。在工作与家庭三角中，要区分这两者存在困难。为了达到某种目的，三角关系看上去既是与某一方的联盟，也是牺牲与另一方的关系的一种对立。请参看 " Behind the Scenes of the Organization: Some Guidelines for the Expert in Human Relations," in the *Journal of Family Therapy* 6 (1984):299-307.

结语　超越自助

1. 为了解影响女性的议题和事件，我推荐大家订阅 *New Directions for Women* (published since 1972), 108 West Palisade Avenue, Englewood, NJ 07631.

致　谢

我需要感激许多人对本书的贡献。

桑德拉·埃尔金，我第一个出版代理，正是她在1979年激励我开始大众读物的写作，并为本书的出版种下了最初的种子。在出版此书的一路波折中，她始终相随左右，不管遇到什么困难，她都保持乐观幽默，方向始终明确。埃莉诺·罗森也一直在帮助我成为更好的大众读物写作者，她帮我摈弃不近人情的学术写作风格，以更直接、更个人的方式同读者交流。乔莱恩·沃丽在1990年成为我的代理和出版负责人。她通过非常出色的工作，保持了本书的活力，并促进了我的所有工作。

在写作本书的初期，我在门宁格基金会的朋友和同事阅读了我的手稿，并提出了许多珍贵的意见。我感谢谢丽·邦尼、南希·戈登、亚瑟·赫尔曼、玛利亚·露易斯·莱琪曼、亚瑟·曼德鲍姆、沙仑·纳桑、盖文·纽桑、戴尔·洛斯科斯，尤其是梅里迪斯·提图斯。在托皮卡市之外，感谢南希·科多罗、萨里·麦克纳尔和罗伯特·赛登伯格阅读本书的章节并予以反馈。尽管那些早期的版本与终版相差很远，但他们的反馈给我指明了写作方向，塑造了终版的写作历程。

玛丽安妮·奥尔特利彻开办了“直接对话，有效抗争”的工作坊，而我则收集了关于女性与愤怒各个方面的资料，我们在共同进步。玛丽安妮所做的一切非常鼓舞我，我从她那里所学到的知足、精神与勇气都一一体现在本书中。

我非常感谢谢丽·拉维蕾娜，她在百忙之中反复阅读书中的章节，并给我提出非常重要的建议。同时，在门宁格基金会，她一直在情绪上支持我，是我女权主义的同盟，直到1982年她离开基金会。我同样感谢艾米丽·珂芙罗，她的友情、同事情谊，以及对我工作的信赖，陪我闯过一路风雨。

凯瑟琳·格莱恩肯特的新想法永远层出不穷，她通过非凡的想象与洞察，将这些新想法充分运用到临床工作中。她杰出的助理技能、智慧、慷慨和鼓励，一直以来对我帮助很大。感谢玛丽·麦克林帮我打字誊写最后一稿；感谢阿雷塔·彭宁顿、黛比·史密斯和纪宁·瑞德，他们非常出色地完成了文字处理工作。

如果没有其他方面的专业支持，帮我解决各种问题，我可能根本无法写成此书。我很感激门宁格基金会给我提供兼职工作的机会，让我有机会安心完成本书的写作。尤其感谢多纳尔德·科尔森、莱昂纳德·霍维兹和埃文·罗森。同样谢谢罗伊·门宁格，门宁格基金会会长，谢谢她对我工作的慷慨支持。

在爱丽丝·布兰德的出色管理下，门宁格基金会的专业图书馆简直成了学者的梦想之地。图书馆的工作人员无比精确、灵活地检索我的所有借阅请求，并提供了许多我没有想到、但非常有帮助的文献参考。门宁格图书馆的工作人员可能是我离不开托皮卡的重要原因。

珍妮特·戈德斯坦，我在Harper & Row出版社的编辑，在本书出版项目的后期，胜任一切作者所希望的编辑工作。她的建议非常精确、有用、充满智慧，本书的最后改写也因此变得非常好玩。本书最后能在她热心、出色的工作之下完成，这是我的荣幸。苏珊·菲利普森非常出色地完成了终版手稿的审阅。

父母对我的人生与写作的影响，我如何感激也说不完、道不尽。我无比感恩于母亲的温暖、智慧、优雅和勇气，她对生活的热爱与顽强生活的精神、她对别人的慷慨相助，哪怕是最困难的时刻，都无时无刻地激励着我。我感谢我的父亲，他的幽默与智慧、对我和姐姐的写作指导、他的爱，尽管在布鲁克林时，他不准我沉迷于连环画和摇滚乐，这些干预并没什么效果。我感谢我的姐姐苏珊，谢谢她同我的交流与陪伴，她对写作本书提供的帮助，她是我最好的大姐姐。

我同样谢谢以下这些人：我的女性团体，她们对我的帮助与理解；苏西·开普洛的先锋之作“发怒”；特蕾莎·贝娜德兹，一直鼓励我写作本书，并提供最有爱、最严格的批评建议；朱迪·库恩兹，难得的好友；卡罗尔·特拉维斯，从遥远的城市告知我，颇有大姐风范地向我保证此书的顺利出版。安东尼·科瓦尔斯基，明智地创造了一个情感与智识开放交流的空间；彼得·诺沃尼，一直鼓励我的工作；苏珊·克洛斯，以特别的方式不断激励我坚持下来；安·卡佛，她慷慨而优雅地教我瑜伽，我得以更好地整合身心，工作并创造。同时，非常感谢我的女性读者，尽管有很多都素未谋面，但她们从别的地方，甚至漂洋过海，与我达成联系，她们的内心表露，丰富了我的思考。对于女性这一团体，对于女权主义本身，我永远心怀感激。

最后，我最感激我的丈夫史蒂芬·勒纳。他是我的最佳编辑、最好的知己、最给力的丈夫。我感谢他的耐心、无私给予、全方面帮助和专业建议，也感谢他的严谨和难以掩藏的傻气。所有这些，以及我两个儿子（马修和本杰明）快乐的脸蛋与良好的性格，让我深感幸运。

* * *

这本书与本系列的其他几本一样，是许多人共同思考的结晶。尽管我在注释部分陈列了其他人对本书的独特贡献，但这并不意味着他们一定与我观点一致。比如，尽管我运用了鲍温家庭系统理论中的观点和术语，但对鲍温理论的阐释与应用却深受我自己的心理分析经验与女权主义的影响。总而言之，尽管其他人对本书有所影响，但本书的内容所传达的，终究是我个人的观点。

寻找自我

女巫一定得死

作者：谢尔登·卡什丹 ISBN：978-7-111-47173-8 定价：39.00元

成为你自己

作者：王学富 ISBN：978-7-111-46917-9 定价：30.00元

听，谁的创伤在说话

作者：张久祥 ISBN：978-7-111-47251-3 定价：35.00元

拥抱你的内在小孩：亲密关系疗愈之道

作者：罗西·马奇-史密斯 ISBN：978-7-111-42225-9 定价：35.00元

幸福的化学作用：情绪的身心灵温暖疗愈术

作者：亨利·埃蒙斯 ISBN：978-7-111-44595-1 定价：35.00元

花园里的荆棘

作者：一岩 ISBN：978-7-111-51143-4 定价：30.00元